GUOJI KEJI HEZUOQUAN JIANSHE JI
GUANGDONG DE SHIJIAN YU DUICE
——JIYU HAISHANG SICHOUZHILU DE SHIJIAO

国际科技合作圈建设及广东的实践与对策

——基于海上丝绸之路的视角

何传添　肖奎喜　等　著

中山大学出版社
SUN YAT-SEN UNIVERSITY PRESS

·广州·

版权所有　翻印必究

图书在版编目（CIP）数据

国际科技合作圈建设及广东的实践与对策：基于海上丝绸之路的视角/何传添，肖奎喜，等著. —广州：中山大学出版社，2021.8
ISBN 978-7-306-07099-9

Ⅰ. ①国… Ⅱ. ①何… ②肖… Ⅲ. ①国际科技合作—研究—广东 Ⅳ. ①F125.4

中国版本图书馆 CIP 数据核字（2021）第 021886 号

出 版 人：	王天琪
策划编辑：	嵇春霞
责任编辑：	陈晓阳
封面设计：	曾　婷
责任校对：	林　峥
责任技编：	何雅涛
出版发行：	中山大学出版社
电　　话：	编辑部 020-84111970，84113349，84111997，84110779，84110776 发行部 020-84111998，84111981，84111160
地　　址：	广州市新港西路 135 号
邮　　编：	510275　　传　真：020-84036565
网　　址：	http://www.zsup.com.cn　E-mail:zdcbs@mail.sysu.edu.cn
印 刷 者：	佛山市家联印刷有限公司
规　　格：	787mm×1092mm　1/16　11.5 印张　154 千字
版次印次：	2021 年 8 月第 1 版　2021 年 8 月第 1 次印刷
定　　价：	46.00 元

如发现本书因印装质量影响阅读，请与出版社发行部联系调换

目 录

引 言 ………………………………………………………… 1

1 国际科技合作的理论综述 ……………………………… 5
1.1 国际科技合作的相关理论研究 ……………………… 6
1.1.1 国际科技合作的含义及其形式 ……………… 6
1.1.2 国际科技合作的相关理论综述 ……………… 8
1.2 国际科技合作理论适用性述评 ……………………… 19

2 合作博弈理论下的科技合作圈收益分析 …………… 21
2.1 双边视角下科技合作收益的分配：纳什谈判解 ……… 23
2.2 夏普利值与多边科技合作收益的分配 ……………… 26
2.3 科技合作的成本分担与投资激励 …………………… 31

3 科技合作圈建设的国际经验 ………………………… 38
3.1 欧盟科技创新合作与发展战略 ……………………… 38
3.1.1 欧盟的科技合作发展战略 …………………… 38
3.1.2 欧盟与第三国科技合作战略 ………………… 40
3.1.3 中国与欧盟的科技合作概况 ………………… 41
3.2 世界三大湾区科技合作战略 ………………………… 42
3.2.1 旧金山湾区依靠政府和高校合作打造充满
活力的科技创新生态系统 …………………… 42
3.2.2 纽约湾区依靠高科技企业与国际顶尖高校合作

　　　　　进行科技创新 …………………………………… 44
　　　3.2.3 东京湾区依靠大学与企业和研究所合作加速
　　　　　科技成果产业化 ………………………………… 45
　3.3 粤港澳大湾区科技合作圈的建设 ……………………… 46
　　　3.3.1 粤港澳大湾区科技合作圈建设的历程 ………… 46
　　　3.3.2 粤港澳大湾区科技合作圈建设的举措 ………… 52
　　　3.3.3 粤港澳大湾区科技合作圈建设取得的成效 …… 57
　　　3.3.4 粤港澳大湾区科技合作圈建设的新机遇 ……… 60
　3.4 国际科技合作圈建设的经验及启示 …………………… 63
　　　3.4.1 主要国际科技合作圈创新合作的实践经验 …… 63
　　　3.4.2 对粤港澳大湾区科技合作的启示 ……………… 67

4 广东建设海上丝绸之路科技合作圈的基础及战略 ………… 70
　4.1 广东建设海上丝绸之路科技合作圈的创新体系评价 … 70
　　　4.1.1 广东开展国际科技合作的产业基础 …………… 71
　　　4.1.2 广东开展国际科技合作的贸易基础 …………… 72
　4.2 广东建设海上丝绸之路科技合作圈的创新能力评价 … 79
　　　4.2.1 广东科技创新投入的基本情况 ………………… 80
　　　4.2.2 广东科技创新产出的基本情况 ………………… 81
　　　4.2.3 广东科技创新平台建设的基本情况 …………… 82
　4.3 广东建设海上丝绸之路科技合作圈面临的挑战 ……… 83
　4.4 广东建设海上丝绸之路科技合作圈的战略 …………… 84
　　　4.4.1 战略目标与思路 ………………………………… 84
　　　4.4.2 原则与对策 ……………………………………… 85

5 广东与发达国家科技合作的进程 …………………………… 87
　5.1 广东与发达国家科技合作的特征 ……………………… 88
　　　5.1.1 以企业为主体开展国际科技合作发展迅速 …… 88
　　　5.1.2 依托高校及科研机构建立国际科技合作示范

基地 …………………………………………………… 90
　　5.1.3 国际科技合作伙伴及合作领域逐步增加 ……… 91
5.2 广东与发达国家科技合作的具体领域 ……………………… 93
　　5.2.1 科研项目及学术交流合作 ………………………… 93
　　5.2.2 知识产权交易 ……………………………………… 94
　　5.2.3 技术贸易进出口 …………………………………… 95
　　5.2.4 服务外包 …………………………………………… 97
5.3 广东与发达国家科技合作的成就与短板 ……………………… 99
　　5.3.1 取得的成就 ………………………………………… 99
　　5.3.2 期待解决的短板 …………………………………… 100

6 广东与东盟科技合作及重点领域 …………………………… 103
6.1 东盟各国科技发展现状 ……………………………………… 105
　　6.1.1 东盟各国研发人员密集度及其变动情况 ………… 105
　　6.1.2 东盟各国研发支出占GDP比重及其变动
　　　　 情况 ………………………………………………… 108
　　6.1.3 东盟各国科技产出情况 …………………………… 109
6.2 广东与东盟科技合作的重点领域 …………………………… 114
　　6.2.1 广东与东盟整体科技合作现状与计划 …………… 115
　　6.2.2 广东与东盟成员国间的合作模式及重点
　　　　 领域 ………………………………………………… 116

7 广东与海上丝绸之路沿线国家科技合作圈建设的挑战与
突破点 …………………………………………………………… 118
7.1 广东与海上丝绸之路沿线国家科技合作存在的
　　问题 …………………………………………………………… 118
　　7.1.1 与海上丝绸之路沿线国家国际科技合作的
　　　　 主动性不够 ………………………………………… 118
　　7.1.2 企业对技术的吸收和转化不够 …………………… 119

  7.1.3　知识产权保护执法力度有待提高 …………… 119
  7.1.4　缺乏高素质国际科技合作人才 ……………… 120
 7.2　广东与海上丝绸之路沿线国家科技合作面临的
   挑战 …………………………………………………… 120
  7.2.1　广东与发达国家科技合作面临的挑战 ……… 120
  7.2.2　粤港澳大湾区科技合作圈建设面临的挑战 … 122
 7.3　广东与海上丝绸之路沿线国家科技合作圈建设的
   突破点及着力点 ……………………………………… 127
  7.3.1　科技合作圈建设的突破点 …………………… 128
  7.3.2　科技合作圈建设的着力点 …………………… 133

8　加快广东与海上丝绸之路沿线国家科技合作圈建设的对策 ……………………………………………………… 136

 8.1　加强广东与发达国家科技合作 ……………………… 136
  8.1.1　广东与发达国家科技合作的思路与方式 …… 136
  8.1.2　广东与发达国家科技合作的措施与重点 …… 141
 8.2　提升广东与东盟科技合作水平 ……………………… 143
  8.2.1　广东与东盟科技合作的思路与方式 ………… 143
  8.2.2　提升广东与东盟科技合作水平的措施 ……… 144
 8.3　创新科技银行机制助推广东科技新发展 …………… 147
  8.3.1　科技银行能有效推动科技型中小企业发展 … 148
  8.3.2　广东已具备设立民营科技银行的条件 ……… 151
  8.3.3　完善体制机制，加快设立科技银行 ………… 153
 8.4　推进粤港澳大湾区科技合作圈建设 ………………… 154
  8.4.1　推进粤港澳大湾区科技合作圈建设的思路 … 155
  8.4.2　推进粤港澳大湾区科技合作圈建设的对策 … 157

9 结论 ………………………………………………… 161
　9.1 研究成果情况 ……………………………………… 161
　9.2 研究的创新性及科学性 …………………………… 162
　9.3 研究成果的应用、转化情况及其前景分析………… 163
　9.4 存在的问题及建议 ………………………………… 163

参考文献 ………………………………………………… 164

后记 ……………………………………………………… 172

表格目录

表号	标题	页码
表1	参与国边际贡献与排列间的关系	29
表2	参与国科研合作的囚徒困境	32
表3	公共技术合作博弈	33
表4	改进的公共技术合作博弈	34
表5	占优公共技术合作博弈	36
表6	各大湾区世界500强企业总部数量	46
表7	广东省发展国际科技合作经济环境指标体系	71
表8	广东省科技创新能力评价指标体系	79
表9	近年广东省科技投入情况	80
表10	近年广东省R&D经费结构	81
表11	近年广东省科技创新产出情况	82
表12	近年广东省科技研究机构数	82
表13	近年广东省国家级高新区情况	83
表14	2018年广东省知识产权交易情况	95
表15	2014—2018年广东省技术进出口情况	95
表16	2018年广东省技术进口主要发达国家	96
表17	2018年广东省技术出口主要发达国家	96
表18	2018年广东省承接服务外包主要国家（地区）	97
表19	2014—2018年广东省承接服务外包的发展情况	98
表20	2018年广东省承接服务外包业务情况（分出口方式）	98
表21	东盟各国R&D研究人员密集度及其与中国、广东省的比较	106

表22	东盟各国研发技术人员密集度	107
表23	东盟各国研发支出占GDP比重及其与中国、广东省的比较	108
表24	2016年东盟各国发表科技期刊文章数量及其与中国的比较	110
表25	东盟各国专利申请量及其与中国的比较	111
表26	东盟各国高科技出口贸易额、占制成品比重及其与中国、世界的比较	113
表27	广东省与东盟各国科技合作重点领域	117
表28	粤港澳大湾区与世界主要湾区人口流动比较	160

图示目录

图1 1978—2017年广东省地区生产总值及三大产业产值 …… 71
图2 1978—2017年广东省主要行业产值 …………………… 72
图3 2000—2017年广东省进出口贸易总额 ………………… 73
图4 2000—2017年广东省贸易顺差额情况 ………………… 74
图5 2000—2017年广东省主要出口商品贸易额 …………… 75
图6 2000—2017年广东省主要进口商品贸易额 …………… 76
图7 2005—2016年广东省主要进出口市场贸易额 ………… 77
图8 2005—2016年广东省主要出口市场贸易额 …………… 78
图9 2005—2016年广东省主要进口市场贸易额 …………… 79
图10 2000—2017年广东省规模以上工业企业国内与国际
　　 科技合作对比 ………………………………………… 89

引　言

当前世界已经进入知识经济时代，科学技术日益成为生产力发展和经济增长的决定性要素。与此同时，国际科技合作呈现全球化、区域化发展态势，催生了欧洲"尤里卡计划"、美国"人类基因组计划"等科技合作计划。2008年国际金融危机后，全球经济结构面临调整，我国实施创新驱动发展战略，强调科技创新是转变经济增长方式的重要引擎，而加强与周边国家的科技合作是创新驱动发展战略的一大重要举措。

理论和现实意义

目前，推进21世纪海上丝绸之路建设成为我国构建开放型经济新体制、形成全方位开放新格局的一大重要战略决策。海上丝绸之路自古以来就不仅是一条经济之路，更是一条科技传播与科技合作之路。加强我国与海上丝绸之路沿线国家的科技合作具有重大的战略意义，是建设海上丝绸之路的重要支撑：可以提升我国和沿线国家的科技实力，为互联互通打下良好基础；可以促进科技资源的高效利用，促进科技成果的迅速转化。

历史上，广东在海上丝绸之路占有极重要的地位。广东有两千多年海上贸易的辉煌历史，是中国海上对外开放的前沿和窗口所在。在我国启动"一带一路"建设后，中国各省区都已开始了自己的国际科技合作计划，力争抓住机遇，实现经济的腾飞。广东应抢先建立海上丝绸之路科技合作圈，尤其是要加强广东—东盟科技合作圈的建设，将广东打造成海上丝绸之路科技合作中心，为广东经济发展注入新的动力。这对于促进广东产业转型升级和产业创新、实现广东经济的第二次飞跃，具有非常重要的意义。

研究目标

（1）"海上丝绸之路科技圈"的概念界定和研究框架建立问题。当前，对"海上丝绸之路科技圈"的定义和基本框架尚未有一个明确的结论，因此，如何深入认识和理解科技圈建设及其战略运作模式是一种创新性的合作理念，也是本书需要首先解决的关键问题。

（2）广东建设海上丝绸之路科技合作圈的模式和重点领域问题。目前，国内对科技合作重点领域的研究，较多地集中在同发达国家科技的合作上。而海上丝绸之路沿线大多是发展中国家，科技基础薄弱，广东珠三角以外的区域也缺乏科技资源。如何针对这些欠发达地区建立科技合作模式、明确合作领域，是战略研究中需要思考的问题。

本书旨在对广东建设海上丝绸之路科技合作圈进行系统研究。利用区域经济学理论、技术创新理论、系统论、协同学理论、信息经济学等方面的知识，对国际科技合作的各种模式进行分析；并以广东与东盟的科技合作为主要研究对象，对广东建设海上丝绸之路科技合作圈可实行的模式和效果进行分析，并提出相关建议。

国内外对于国际科技合作的研究主要包括：国际科技合作的基本理论，国际科技合作的模式，国际科技合作的现状的统计分析和实证研究，国际科技合作的形式和政策研究，国际企业间的 R&D（research and development，研究与试验发展）合作研究，国际科技合作过程中的合作环境问题，国际科技合作与知识产权的关系，国际科技合作与技术创新，国际科技合作绩效评估等。（Birkinshaw，1995；Foss and Pedersen，2004；李晓莉等，2010；欧阳峣等，2011；陈强等，2013）

学者们的研究还围绕国际科技合作的领导机构、组织机构、科研机构和中介机构四类参与者展开。有学者还分析了广东产业集群参与国际科技合作的现状,提出积极参与国际科技合作是广东产业集群升级的路径之一,并提出了广东产业集群加强国际科技合作的发展思路。①

总体而言,国内外文献多集中于对国际科技合作的现状、合作模式、合作政策的探讨,在开展对外区域科技合作的综合分析和系统研究方面不充分。

研究范围

(1) 国际科技合作圈建设的经验与借鉴研究。对目前存在的国际科技合作模式以及现有的国际科技合作圈进行深入研究,总结其优点和不足,为广东建设海上丝绸之路科技合作圈提供指导。

(2) 广东同海上丝绸之路沿线国家科技合作的现状研究。重点对广东同东盟的科技合作现状进行研究,分析广东与东盟的产业结构、科技发展、人才培养等情况,定量分析科技合作对经济增长的贡献,分析广东建设海上丝绸之路科技合作圈的优势和可行性。摸清广东在此区域建设科技合作圈时所采用的现有模式,找出问题,明确改进方向和合作领域。

(3) 建立科技合作圈的战略支撑研究。从广东的实际情况出发,以科技信息平台建设、金融支持平台(亚洲基础设施建设投资银行、海上丝绸之路基金)建设、对话机制建设、服务体系建设、法制建设等为战略支撑,通过建立政府协调机制、产学研合作机制、科技信息资源共享机制、科技人才培养机制等,加强广东与东盟各国政府、科研机构、企业间的科技合作;同时,利用大数据时代下的网络优势,通过建立信息科技服务机构、科技合作项目申报信息网、科技合作数据库等,形成完备的科技合作服务体系。

---

① 苏奕、纪彬:《中外国际科技合作的文献综述》,载《广东科技》2009年第17期,第59-61页。

（4）建立科技合作圈的重点领域，尤其是同东盟科技合作的重点领域的研究。重点领域应包括能源、水资源和环境保护技术，生物技术，现代农业技术，信息技术，重大装备制造技术，新材料关键技术，现代服务业关键技术专项及基础科学技术。重点领域应根据不同国家、不同区域做出合理的主次划分。

（5）建立科技合作圈的战略举措研究。在基本战略架构和运作框架基础上，到具体运作层面，通过进一步细化研究和建模分析，提出包括合作共建技术转移中心、建设覆盖沿线重点城市和重点国家的一体化技术转移协作网络、加强面向东盟的国际科技合作创新平台建设等政府主导型手段；同时，支持省内科研机构、高校及企业与沿线合作伙伴（主要是东盟国家）在特色农业、生物医药、海洋开发、资源开采、服务供应链等领域的实验室共建，搭建人员交流与科技合作机制，将战略框架具体到战略举措。

1 国际科技合作的理论综述

国际科技合作是提高区域创新能力、促进产业转型升级的重要途径。本章综述了有关国际科技合作的理论研究，主要沿着区域非均衡发展、国际产业转移、合作技术创新等方面进行。非均衡发展理论主要涉及增长极理论、缪尔达尔－赫尔希曼模型、核心－边缘理论、技术空间扩散理论、梯度转移理论等；国际产业转移理论主要从国际贸易和国际投资角度阐述其对国际科技合作的影响；合作技术创新理论则从技术创新、资源依赖、交易成本等视角分析科技合作的作用。本章最后就上述理论在中国与东盟进行科技合作时的适用性进行了评价。

事物总是相互联系的，任何一个国家或地区，不管是资源大国还是科技强国，都不可能拥有其经济技术发展所需的一切资源和生产要素，不可能独立地解决科学技术领域的所有问题，其科技水平也不可能在所有领域都居于世界前列，[①] 因而需要加强与其他国家或地区在相关科技领域的合作与交流，取长补短，使各类稀缺资源、技术、知识等为我所用，促进本国科技创新能力以及总体科技水平的提高。

---

① 欧阳峣、生延超：《新兴大国的自主创新道路"金砖四国"比较研究》，格致出版社、上海人民出版社2013年版。

1.1 国际科技合作的相关理论研究

1.1.1 国际科技合作的含义及其形式

1. 国际科技合作的含义

对于"国际科技合作"的含义,学术界目前尚未有统一的定义。国外的学者趋向于从科学合作、研究合作、技术合作等方面对国际科学技术合作进行分类研究,而国内学者趋向于将科学技术各方面的国际交流与合作统称为国际科技合作。张菊(2004)认为,国际科技合作是在当前知识经济社会中获取智力资源、依靠各国科学家共同合作、解决本国或仅靠几国无法解决的各类科学难题,以达到推动人类社会进步、促进合作各方的经济和科技发展的重要战略目标的手段。罗玉中(2005)认为,国际科技合作是指两个或者两个以上不同国家或地区的法律主体之间按照彼此的约定、共同参加的国际条约或根据国际惯例,就科学技术活动所涉及的相互交流给予配合与协作。

由此可知,国际科技合作的法律主体包括国际性组织、政府、高校、研究机构、企业、个人等。国际性组织的科技合作一般是关于全球共同关注的话题,或者具有共性技术开发的项目,或者需要各国相互协作、齐心协力才能完成的项目。政府间的国际科技合作是在政府间双边和多边协议下执行的科技合作,往往侧重于基础研究或一些大型的技术项目,科研合作水平较高,对国家科技事业和经济建设有较大影响。高校或研究机构间的国际科技合作是提升科学研究水平的重要手段,在注重基础研究的同时,也注重技术开发;在促进学科发展的同时,又为社会培养人才,促进经济的发展。企业或者跨国公司间的国际科技合作是与其全球战略相关的,主要侧重于应用研究,通过在某生产领域技术的共同开发,尽快研制新产品,及时占领市场。个人之间的国际科技合作主要体现为相互分享科研信息、共同撰写论文等行为。但是，在当今大科学时代，个人基本都隶属于一定的机构或者组织，因此合作更多地是以组织的名义出现，个人可代表一个国家，也可代表一个研究机构等。

综上可知，国际科技合作是指两个或两个以上国家或地区的国际组织、政府、高等院校、研究机构、企业、个人等法律主体为达到某共同目的，以合作的方式在世界范围内寻求以最有优势的生产要素和最先进的科技成果与自身的优势重新组合与配置，而进行的科学技术研究或交流活动。

2. 国际科技合作的形式

对于国际科技合作的主要形式，我国《关于对外科技合作交流中保护知识产权的示范导则》对其进行了规定，包括合作研究、合作调查、合作开发、合作设计、合办非营利性机构、科技考察、人才交流、信息交流、实物交换、学术会议、科技展览、人才培训、技术贸易等13种形式。[①] 针对部分合作形式的相关性，可以将其概括为国际共同开发、国际科技交流、国际合作研究、国际合作创办研究开发机构、国际技术贸易五个方面。

国际共同开发是指两个或者多个主权国家基于国际协议，围绕经济技术工程和计划开展的跨越国界或者在争议区内对新技术或自然资源进行的联合开发或者共同开发活动，主要包括联合勘探与开采、合资经营、合作经营等形式。

国际科技交流是指国家或地区间在科技信息或者人员方面的交流活动，具体包括出国考察，科技情报交流，学术资料的通报与交换，举办、参办或者参加国际学术会议、科技展览会、科技企业对接交流会、科技企业推介会、科技成果展交会，科技人才培训，专家交流讲学，科技人员互访，等等。

---

① 古祖雪、赵秋丹：《国际科技合作中知识产权侵权诉讼的若干法律问题》，载《中南大学学报》（社会科学版）2008年第4期，第499-506页。

国际合作研究是指合作各方以科技创新为目的，就某一新理论、新方法、新产品、新工艺等科技项目进行共同研究或者分工协作研究。国际合作研究的内容包括基础科学研究、应用技术研究、试验发展研究等多个方面的课题。

国际合作创办研究开发机构是指各国的科研单位、高校、企业、个人等合作各方通过提供资金、人才和仪器设备等共同创办的研发实体，包括联合共建实验室、研发中心、研究院、人才培训中心等。

国际技术贸易是指技术商品从一国或地区通过国际技术市场转移至另一个国家或地区的交易活动，主要内容包括工业产权、专有技术或技术诀窍、工程设计、技术设备等。[①]

1.1.2 国际科技合作的相关理论综述

1. 基于区域非均衡发展理论的分析

在区域经济发展差异理论中，形成了均衡发展理论和非均衡发展理论。区域均衡发展理论由于其假设条件过多，将问题过于简单化，导致其在解释发展中国家经济发展方面存在巨大缺陷，而非均衡发展理论与许多国家的经济发展状况相似，成为许多发展中国家区域发展战略的理论基础。

（1）增长极理论。增长极理论是由法国经济学家佩鲁将"不平衡动力学"引入区域经济学形成的一种不平衡增长理论，后来经过布代维尔、冈纳·缪尔达尔、艾尔伯特·赫尔希曼、约翰·弗里德曼、威廉姆逊等学者的发展，形成了循环累积因果论、不平衡增长论、核心－边缘区域理论、倒"U"形理论等学说。佩鲁（Perroux, 1950）认为，经济空间是由若干中心（或极、焦点）组成的，这些中心是离心力的发散地和向心力的收敛点，因此，经济

---

① 王超：《国际科技合作中的知识产权归属问题研究》（学位论文），厦门大学2006年。

空间中经济增长是非均衡的，它首先出现在不同的增长极上，再由增长极扩散到其他区域。佩鲁的"经济空间"针对的是产业部门，强调的是产业间的关联推动作用。也就是说，经济增长首先在规模大、创新能力强、起支配地位的部门出现，再由这些部门通过不同的渠道向其他部门扩散，进而对经济发展产生不同的终极影响。此后，布代维尔（Boudeville，1966）将增长极理论应用于区域经济学当中，认为经济空间既包含经济变量之间的结构关系，又包括经济现象的区位关系，从理论上将"增长极"的概念从抽象的经济空间推广到地理空间。增长极理论指出了经济空间内部的不平衡性和关联性，即区域经济的增长总是首先发生在各个增长极上，再通过各种渠道按不同的速度向外扩散，从而带动整个区域经济的发展。因此，增长极理论为国际科技合作，特别是为产业园区建设的产业选择和区位选择提供了理论指导。

（2）缪尔达尔－赫尔希曼模型。缪尔达尔基于增长极理论提出了循环累积因果论，认为经济发展首先是在初始条件占优的区域开始的，通过"极化效应"，其他地区的资金、人才、技术等资源向该地区集聚，使该区域发展超前于其他区域，而区域间的发展不平衡会通过累积因果过程而逐渐强化，进一步通过区域间的相互作用使生产要素发生流动，既通过"扩散效应"使生产要素从超前区域流向落后区域，又通过"回波效应"使生产要素不断从落后区域流向超前区域。但是，该理论也指出，市场经济下的"回波效应"要远大于"扩散效应"，从而导致区域间的发展不平衡加剧，即所谓的"马太效应"。赫尔希曼的不平衡增长论认为区域经济间的发展不平衡是必然的，并提出了"极化效应"和"涓滴效应"。前者在经济发展初期占主导地位，趋向于增大地区差异，后者在经济发展后期将缩小区域差异。缪尔达尔提出的"扩散效应"和"回波效应"与赫尔希曼提出的"极化效应"和"涓滴效应"是对"区域发展差距变动"这一概念做出的不同定义，故统称为"缪尔达尔－赫尔希曼模型"。缪尔达尔－赫尔希曼模型解释了区域经济发展不平衡的根源,这对一个国家在国际科技合作中制定区域发展战略、促进区域平衡发展具有重要启示作用。若一国想要促进某一地区或某一经济部门的发展,就可以制定相关的政策,促进资金、技术、人才等资源流入该地区或经济部门。因此,该模型成为一国促进地区间或者产业部门间平衡发展的重要理论。

(3) 核心-边缘区域理论。赫尔希曼的不平衡增长论指出,某一地区主导性工业集聚的区域将成为该地区的核心区域,每一个核心区域都有一定的影响区域。约翰·弗里德曼(Friedmann, 1966)将这种影响区域称为边缘区。其核心-边缘区域理论认为:任何地区都是由若干核心区和边缘区组成的,核心区对于各种生产要素具有更大的集聚效应,使其具有更强的创新变革能力和活力;而核心区创新变革能力和活力的提高又巩固了其对边缘区的统治地位,支配着边缘区并向其传播创新成果。同时,该理论也指出,核心与边缘区之间的区位边界和空间关系并不是一成不变的,随着核心区的不断扩展以及外围区实力的不断增强,核心区与边缘区的边界会发生变化,而新的核心区也将会出现,并引起原核心区支配能力的减弱。核心-边缘区域理论阐述了区域间如何从孤立的、不平衡的发展向彼此联系的、不平衡的发展演变,又由极不平衡发展向关联且平衡的发展演变的过程。[①] 而在国际经济合作中,大区域的合作由于涉及诸多问题而困难重重,而小区域合作能起到试验性的作用,较容易被参与各方所接受。McGee 和 Macleod(1992)认为,"成长三角"(马来西亚的柔佛州、印度尼西亚的廖内群岛与新加坡)的经济合作就很好地阐述了"延伸的都市地区"的概念,从经济中心-经济边缘的角度解释了次区域经济合作中心地区对周边合作地区的辐射和带动作用。

(4) 技术空间扩散理论。各国区域经济发展的一般经验表明,

---

① 汪宇明:《核心-边缘理论在区域旅游规划中的运用》,载《经济地理》2002 年第 3 期,第 372-375 页。

各个经济区的发展会潜移默化地影响到其他区域,这种影响来自经济、政策、技术等要素在区域内与区域间流动产生的外溢性。[①] 瑞典地理学家哈格斯特朗(Hägerstrand,1953)的技术空间扩散理论认为,技术创新使得创新国与周围邻国之间形成了技术的"位势差",但这种差距会在个人、企业、地区之间的技术转让、信息交流、人才流动及国际贸易等过程中通过创新国向周围国家的技术扩散和传播或者周围国家向创新国的学习、模仿和借鉴来消除,使得国家间的技术差距逐渐缩小。Keller(2002)对经济合作与发展组织(OECD)国家技术扩散效果的实证研究结果表明,自然距离是影响国家间技术扩散的最重要因素,自然距离越远,国际技术扩散效果就越弱。也就是说,当落后国家离工业发达国家的空间距离越远时,其从发达国家获得的技术扩散可能越弱,本国技术水平的提高更多地需要依赖自身的 R&D 投入。根据技术空间扩散理论,中国与东盟的科技合作具有地理上的优势,能够较充分地发挥技术空间扩散的效果。技术扩散是通过知识的流动来实现的,因此,影响知识流动的交流机制、专利制度、创新和模仿方式、企业规模等因素也将影响技术空间扩散,这些方面也是在国际科技合作中需要妥善处理好的问题。

(5)梯度推移理论。与众多区域经济非均衡理论类似,梯度推移理论也是建立在增长极理论的基础上,是一种增长极理论和倒"U"形理论的结合。威廉姆逊(Williamson,1965)的倒"U"形理论认为,区域间的不平衡在经济发展的初期阶段是不可避免的,但在经济进入成熟增长阶段后,区域间的差异将随着各区域经济增长而逐渐下降。传统梯度推移理论的理论基础是雷蒙德·弗农(Vernon,1966)的产品生命周期理论。该理论认为,工业各部门及各种工业产品都会经历"创新—发展—成熟—衰退"四个阶段,

---

① 锁利铭、马捷、李丹:《"核心-边缘"视角下区域合作治理的逻辑》,载《贵州社会科学》2014 年第 1 期,第 52 - 57 页。

这四个阶段的梯度由高到低，创新活动会逐步由高梯度的产品创新部门向低梯度的衰退部门推移。传统梯度推移理论是一种工业产品区位理论，后来的学者将该理论用于区域经济学研究，形成了区域发展梯度推移理论。克鲁默（Krumme，1969）认为，各国在资源禀赋、地理条件以及历史文化等方面的差异导致了国家或地区间经济和技术发展的不平衡，每个国家或地区都处在一定的梯度上，随着时间的推移，新技术就会从高梯度地区传递至低梯度地区。一般而言，也就是从发达区域传递至次发达地区。区域梯度推移理论所论述的经济、技术等方面的推移往往具有一定的前提条件，需要人为进行规划和干预。在低梯度地区，其经济结构中占主导地位的往往是一些初级产品部门或者是一些衰退部门，必须依靠一系列有效的政策才能实现产业的升级，进而实现经济的腾飞。对于跨越国界的区域梯度推移，不同国家在意识形态、社会制度、风俗习惯等方面的差异往往容易对国家间的梯度推移造成阻碍。因此，加强各国在经济和技术上的合作，对于促进落后国家加快经济发展、实现经济赶超具有重要作用。

从当前的世界经济发展形势来看，我国已成为推动世界经济增长的重要引擎，并且在空间上处于中国—东盟自贸区的核心区，这恰恰与上述各种理论论述的增长极或者核心区的观点一致。作为中国与东盟经济科技合作的重要窗口，广东加强与东盟的科技合作，既能推动中国相关产业技术往东盟落后国家扩散，又可推动中国相关产业转型升级，从而促进中国与东盟各国经济的发展。

2. 基于国际产业转移理论的分析

国际产业转移是指某些产业从一个国家或地区转移至其他国家或地区的现象，主要通过国际贸易和国际投资等形式来实现。从对资源的依赖程度来看，产业转移是一种从劳动密集型产业逐步向资本密集型产业过渡，再向技术或知识密集型产业过渡，从低附加值产业逐步升级到高附加值产业的过程；从地理空间角度来看，产业转移是一种从发达国家或地区向次发达国家或地区转移，再从次发达国家或地区转移到发展中国家或地区的过程。① 在国际产业转移过程中,往往伴随着先进的技术设备、管理经验等的转移,这对产业输入国家而言也是提升本国技术水平的重要途径。

(1)国际贸易的角度。国际产业转移的理论主要是以比较优势理论②和资源禀赋理论③(也称"要素比例理论")为基础发展起来的。李嘉图的比较优势理论认为,国际贸易的产生源于各国在生产技术水平上的相对差异,以及由此导致的各国在生产成本上的差异。其《政治经济学及赋税原理》一书指出,每个国家都应该权衡各种产品生产的利弊,在对外贸易中集中生产并出口该国具有"比较优势"的产品,而对处于"比较劣势"的产品则采取进口的策略。赫克歇尔和俄林剖析了比较优势的成因,其要素比例理论认为,一个国家在国际贸易中应该出口该国生产要素较为丰富的产品,进口生产要素相对稀缺的产品。

波斯纳(Posner,1961)等学者基于要素比例理论建立了技术差距理论,认为技术领先的国家可以凭借其技术优势出口技术密集型产品,以此增强本国的对外贸易优势,但是,该优势会在专利转让、技术合作、国际贸易与对外投资的发展等过程中被他国模仿而逐渐丧失。同时,该理论指出,非技术创新国也可以通过自主研发途径来实现某项技术向本国的转移,但该方法可能受到诸多因素的影响而无法使其在短期掌握该项技术并投向生产领域。盖·瑞·胡佛鲍尔(Hufbauer,1966)运用"模仿时滞"解释了国际贸易模式的变动,即模仿时滞短的国家最先引进某项新技术,生产相关产品并向模仿时滞长的国家出口,但随着技术的扩散,模仿时滞长的国

---

① 王雪:《国际产业转移理论的研究现状及发展趋势》,载《工业技术经济》2006年第10期,第110-112页。

② 李嘉图:《政治经济学及赋税原理》,郭大力、王亚南译,商务印书馆1962年版。

③ [瑞典]伯尔蒂尔·奥林:《地区间贸易和国际贸易》,王继祖等译,商务印书馆1986年版。

家也逐渐掌握该项技术，开始生产并出口这种产品，从而使本国在对外贸易中处于优势地位。日本经济学家赤松要（1937）从后进国家产业发展的角度提出了"雁行形态理论"。该理论认为，在工业化发展的初期，落后国家由于经济和技术落后等缺陷迫使其将某些产品市场对发达国家开放，但通过模仿、引进等方式初步掌握了这种产品的生产技术后，就可以凭借本国的资源和劳动力价格等方面的优势在本土生产该产品，进而通过技术转化率和转化速度的提高以及经营管理的改善，在国际市场上出口该产品。

（2）国际投资的角度。从发达国家的角度看。阿瑟·刘易斯（Lewis，1954）的劳动密集型产业转移论认为，发达国家人口增长的不足导致密集型产业劳动力的不足，从而导致本国生产成本的上升以及利润的不足，因此，发达国家应该通过对外直接投资的形式将该产品的生产转移至发展中国家，并从发展中国家进口该产品。可见，阿瑟·刘易斯将国际产业转移归因于本国劳动力成本的上升以及由此造成的利润收入的下降。斯蒂芬·海默的垄断优势理论[①]认为，跨国公司进行对外投资的根本原因不在于国家间产品生产的利润差异，而是由其在不同国家间的垄断优势决定的，并通过垄断优势来获得长期利益。这些垄断优势主要包括技术与知识优势、资本优势、规模经济优势、市场优势、生产优势、政策优势、信息与网络优势、产品差异优势、组织管理优势、信誉和商标优势等显性或隐性优势，其中，先进的技术与知识是企业的最核心优势。雷蒙德·弗农（1966）的产品生命周期论认为，产品的生命周期要经过新产品阶段、成熟阶段和标准化产品阶段，不同阶段由于产品特性的不同而应采取不同的策略。新产品阶段可凭借技术的垄断优势采取向他国出口该产品的策略，成熟阶段应根据技术扩散的程度和生产优势转移的情况采取技术转让、对外直接投资等策略，而标准

---

① S. H. Hymer, *The International Operations of National Firms: A Study of Direct Foreign Investment*, Cambridge: The MIT Press, 1976.

化产品阶段由于技术优势的丧失，应该将该产品的生产转移至发展中国家。小岛清（1987）的边际产业扩张理论认为，发达国家的对外直接投资策略应基于对本国和投资国产业比较优势的分析，从本国处于或即将处于劣势地位的产业（同时对于投资国而言又是具有显在或潜在比较优势的产业）入手，依次进行。石东平和夏华龙（1998）的梯形产业转移论认为，发达国家向发展中国家或地区的产业转移是不断地从产业低端到产业高端转移的过程，这将不断推进发展中国家或地区的产业升级。在这个过程中，产业转移和升级呈现出梯形的变化趋势。

从发展中国家的角度看。英国经济学家拉奥（Lall，1983）的技术地方化理论认为，发达国家跨国公司的对外投资活动是发展中国家提高本国技术水平的有效途径。由于发展中国家的技术水平与发达国家相差较远，通过对进口技术和产品进行本地化改造的创新可以实现产业技术向当地的转移，使产品满足本国以及邻国的市场需求。劳尔·普雷维什（Prebisch，1990）从发展中国家的视角提出了移入需求论，强调发展中国家被迫性的产业移入需求对产业转移的重要作用。他认为，由于发展中国家的工业基础较薄弱，为了建立起本国的工业体系而被迫实行替代进口的工业化发展战略，从而减少了发达国家产品的进入，但也为发达国家向发展中国家的产业转移打开了大门，从而致使国际产业转移的发生。坎特威尔和托伦惕诺（Cantwell and Tolentino，1990）的技术创新升级理论从发展中国家对外投资的角度解释了发展中国家技术进步的现象。该理论认为，发展中国家的产业升级是技术水平不断提高的结果，而技术水平的提高与发展中国家的对外投资活动直接相关。

各种国际贸易理论和国际投资理论的不断丰富和发展，为国际产业转移提供了充足的理论基础。从国家的发展程度上看，技术差距理论、产品生命周期论、劳动密集型产业转移论、垄断优势理论、边际产业扩张理论和梯形产业转移论实际上是从发达国家的角度揭示了国际产业转移的过程，是一种发达国家主动或被动将产业技术转移到发展中国家的过程；而"雁行形态理论"、技术地方化理论、移入需求论和技术创新升级理论则从发展中国家的角度揭示了国际产业转移的过程，是一种发展中国家通过自主学习将产业技术从发达国家引入本国的过程。加强中国与东盟多国的经济和技术合作，对于东盟中的部分落后国家而言，是实现产业技术向本国转移的重要途径；对于中国而言，则是实现产业结构升级的内在要求。

3. 基于合作技术创新理论的分析

对于合作技术创新，国外学者多从狭义上将其称为合作研究或者合作研发，而我国学者则从广义上将此概念推广至创新成果推向市场的过程。傅家骥（1998）认为，合作技术创新是一种企业、高校、研究机构等创新行为主体以资源共享或者优势互补为前提，根据一定的目标、期限和规则，通过共同投入、共同参与、共担风险、共享研究成果的方式开展的联合技术创新活动。对于合作技术创新的动机和优势，Sakakibara（1997）将其归纳为节约交易成本、独占知识技术和能力"异质性"三方面。

（1）技术创新理论。技术创新理论是由美籍奥地利经济学家约瑟夫·熊彼特提出的，其著作《经济发展理论》对技术创新进行了完整的论述[①]。技术创新理论强调生产技术的革新和生产方法的变革对经济发展的作用，并将技术创新分为独立创新、合作创新、引进再创新三种模式。20世纪70年代，在约瑟夫·熊彼特思想的影响下形成了对创新模式研究的"线性范式"。该范式认为，技术创新一般要经历"发明—开发—设计—中试—生产—销售"等简单的线性过程。"线性范式"体现的是一种单个企业进行独立创新的模式，但该范式显得过于狭隘。加拿大学者朱蒂（Josty，1990）指出，企业的研发活动容易受到自身资源、能力和知识缺

[①] ［美］约瑟夫·熊彼特：《经济发展理论》，何畏、易家祥等译，商务印书馆2017年版，第73页。

乏的限制，仅仅依靠其自身的力量难以面对激烈的外部竞争环境，而且产品生命周期的缩短降低了研发投资的回报收益，从而增大了研发风险，因此，企业间的合作势在必行。阿歇姆（Asheim，1998）强调了科技信息共享的重要性，认为企业与外部的信息交换及协调能有效克服单个企业在技术创新时的能力局限，降低创新活动中的技术和市场不确定性，推动企业的技术创新。企业的研发合作不仅能弥补自身在技术和知识方面的缺陷，还能使技术内部化，进而独占知识和技术。D'Aspremont 和 Jacquemin（1988）的 AJ 模型表明，在产业技术外溢效应很高的情况下，合作创新行为有利于外溢效应的内部化，从而保持对企业创新的激励，同时，还能有效地避免重复性创新行为对社会资源的浪费；并且，如果允许这种合作行为由研发领域扩展到生产领域，将使均衡研发水平达到最优。Ziss（1994）基于双寡头博弈模型进一步对企业采取不合作策略与采取合作策略（合作研发、价格勾结、合并）的三种情况进行了比较研究，发现任何一种合作方式的收益都比不合作情况下高。Irwin 和 Klenow（1996）对美国半导体制造业企业研发效率的实证研究证明了 Ziss 的观点，发现技术联盟的引入能使企业在研发投入有所下降的情况下仍能使利润上升。

（2）资源依赖理论。资源依赖理论（Pfeffer and Salancik，1978）认为，组织的生存与发展需要资金、技术、人才、物资、客户等各种资源，而组织通常不能生产全部资源，因此，必须与周围的环境进行交换以获取所需的各种资源。Thompson（1967）指出，组织间的依赖关系源自资源的稀缺性，即组织对稀缺资源的获取需要通过外部组织来完成，从而对外部组织产生依赖性，而外部组织对专有资源的独占性和不可替代性则体现了该外部组织受依赖的程度。组织间的依赖既可以是单边的，也可以是相互的。费佛尔和萨兰奇科（1978）将互依关系划分为竞争性互依（竞争双方都努力从对方获得自身所需的资源）与共生性互依（非竞争双方都从对方获得对自身生存极其重要的资源）。马迎贤（2005）认为，对于不同的依存关系，组织能够采取不同的策略来获取所需的资源，包括合并、购并、合资企业和其他的联盟形式，以及通过交叉董事会等机制来委派组织代表加入公司的决策部门。此外，从技术创新的资源获取途径上看，Mitchell 和 Singh（1996）认为，企业间的合作是一种比普通的市场交易方式更为有效而且具有操作性的方式，不仅能将企业所需的各种资源汇集到一起，更能使各种互补性资源产生协同效应，创造出更为稀缺且模仿难度更大的资源，帮助合作各方在市场上获得并保持竞争优势。资源依赖理论揭示了组织生存和发展遇到的根本问题，对于组织改变环境约束、营造良好的创新环境、弥补自身缺陷，从而提高自身创新能力和水平具有重要的启示意义。

（3）交易成本理论。在交易成本研究方面，研究观点主要说明了技术交易的高成本对企业内部研发的不利影响（Williamson，1985；Robertson and Gatignon，1998）。从技术创新的途径将其分为内部开发、市场交易和合作开发三种模式。交易成本理论最早是由科斯（Coase）创立的，其在《企业的性质》（1937）一文中指出，市场交易与企业内部层级交易都是实现资源最优配置的有效形式，但对于选择何种交易形式则要根据这两种交易形式完成交易的相对成本而定；在《社会成本问题》（1960）一文中，科斯把这种交易成本定义为获得准确的市场信息所需要付出的费用以及谈判和经常性契约的费用。威廉姆逊（Williamson，1985）指出，由于产品价格受到交易商品或资产的专属性、交易不确定性、交易的频率等因素的影响，导致了较高的交易成本。Robertson 和 Gatignon（1998）指出，作为一种无形产品，技术商品与其他有形产品存在着巨大的差异，主要表现为产品质量评价的不准确性、产品绩效的不确定性、参与人的有限性、交易过程的机会主义倾向四个方面。因此，技术商品的这些特殊性质决定了其高交易成本的特点，市场交易方式并不是技术创新的最佳途径。在环境不确定性较大的情况下，企业趋向于内部研发的创新模式；而在技术不确定性较大的情况下，

1 国际科技合作的理论综述

则倾向于合作研发的创新模式。由此可知，在环境不确定性较大的情况下，一方面，内部研发的高成本和高风险决定了其并不是最优的技术创新途径，另一方面，技术商品的高价格属性表明市场交易方式也不是最优的技术创新形式。因此，建立在相互沟通、彼此信任、共担风险基础上的合作创新是一种相对较优的技术创新方式。

综上可知，相对于单个创新主体的技术创新活动，合作技术创新具有节约技术交易费用、实现创新资源互补与共享、使技术内部化等方面的优势，已成为技术创新活动的重要方式。在科学技术迅速发展，高精尖产品的研发日益成为一项庞大而复杂的系统工程，对资金、技术、人才及组织形式等方面的要求越来越高的大背景下，跨国界、跨学科、跨部门之间的科技合作与交流就显得极其重要，无论是区域内还是区域外，企业、高校、研究机构之间的科技合作已成为推动科技创新、促进经济发展的重要力量。

1.2 国际科技合作理论适用性述评

改革开放 40 多年来，中国的经济增长速度多年保持两位数增长，中国持续多年扮演着世界经济引擎的角色，经济总量已位居世界第二，并且在经济进入新常态之后仍保持较高的增长速度，是世界经济的重要支柱之一。中国与东盟的经济和科技合作由来已久，经过不断的沟通和协调，双方的合作水平不断提高，极大地推动了双方的经贸往来，促进了双方经济的增长。从区域经济发展上看，中国在亚洲乃至世界已是重要的一极。在经济新常态下，中国的"一带一路"建设将着眼于中国与各国的切实利益，深化与"一带一路"沿线国家的经济与科技合作，推动区域内相关国家的共同繁荣发展。

东盟各国都位于海上丝绸之路沿线，是中国"一带一路"建设的重要支点国家，加强彼此间的科技合作将推动各方经济的进一步增长。从区域经济发展来看，东盟各国在经济与科技发展方面存在着巨大的差距，多数国家还处于工业化的初级阶段，工业基础还很薄弱。对于东盟国家中的落后国家，加强双方的科技合作，一方面将促进中国与东盟国家的经贸往来，使中国的产品走向东盟市场，促进中国经济的持续增长；另一方面将推动中国部分产业的专业知识、技术设备、管理经验等向部分落后国家扩散，推动相关国家的产业技术升级。对于科技实力较强的东盟国家，加强双方的科技合作将减少双方的技术贸易成本，实现科技创新资源互补与共享，推动双方的技术创新。

2 合作博弈理论下的科技合作圈收益分析

科技合作在"一带一路"建设中具有重要的战略地位，科技合作圈是各参与国广泛采用的多个国家共同投入、进行协同创新的合作模式，合作博弈为科技合作圈中各方的收益提供了很好的理论框架。本章基于合作博弈的研究框架，考虑参与国之间对科技合作收益分配的谈判、夏普利值与多参与国科技合作收益的分配，及参与国采用保护机制防止"搭便车"等问题；利用纳什谈判解计算双边视角下科技合作收益分配，通过合作博弈中的夏普利方法衡量多边科技合作收益的分配，利用公共技术合作博弈分析科技合作的成本分担与投资激励。

2017年5月14日，国家主席习近平出席"一带一路"国际合作高峰论坛开幕式，发表题为"携手推进'一带一路'建设"的演讲。习主席指出，中国愿同各国加强创新合作，启动"一带一路"科技创新行动计划，开展科技人文交流、共建联合实验室、科技园区合作、技术转移四项行动。[①] 这表明科技合作在"一带一路"建设中具有重要的战略地位。在"一带一路"各国的科技创新合作中，各参与国广泛采用多个国家共同投入、进行协同创新的合作模式，形成科技合作圈。科技合作圈涉及不同参与国之间如何

---

① 《习近平出席"一带一路"高峰论坛开幕式并发表主旨演讲（全文）》，见中国政府网（http://www.gov.cn/xinwen/2017-05/14/content_5193658.htm）。

进行收益分配或投入分配、如何通过有效的机制激励参与国并避免"搭便车"等方面的问题，这些都是关系到"一带一路"科技创新合作能否启动与实现的重要问题。合作博弈作为研究参与人合作行为的主要理论，为相关问题的分析提供了理论框架。

合作博弈（cooperative games）亦称为联盟博弈（coalitional games），是指参与人可以达成有效协议（binding agreements）并形成联盟，对每个参与人施加一个或一系列特定行动的博弈。有效协议为所有联盟中的参与人产生一个确定的利润。一个联盟能够产生的最大利润称为该联盟的价值。

与合作博弈相对，非合作博弈（non-cooperative games）虽然没有禁止参与人之间的同步行动与信息交流，但非合作博弈中参与人之间的协议并不是有约束力的——参与人始终能够不受约束地选择行动集中的任意行动。非合作博弈的基本要素是基于每个参与人的行动与参与人对行动的可能偏好；而合作博弈的基本要素是参与人形成的联盟与采取的联盟行动。合作博弈更关注群体而不是个体的选择。①

吴建南等（2016）认为，中国与"一带一路"国家的科技合作还有很大的发展空间。以"一带一路"国家中科研实力相对较强的新加坡为例，中美合作论文数量是中新合作论文数量的10.54倍，这其中不排除美国作为全球科技领先国家因而我国与美国有较多合作的原因。由于中新两国科技实力相当或我国科技实力相对领先，在未形成科研合作机制并大范围开展科技合作之前，谈判、投入与收益分配的"卸责"与"搭便车"等行为会对两国科技合作圈的形成产生不良影响。

为此，本章基于合作博弈的研究框架，考虑以下三个具体的经济场景：①参与国之间对科技合作收益分配的谈判问题；②夏普利值与多参与国科技合作收益的分配问题；③参与国采取保护机制防

---

① 田国强：《高级微观经济学（上）》，中国人民大学出版社2016年版。

止"搭便车"问题。通过运用合作博弈的相关理论与方法，本章考虑三种场景下的合作难问题并提供解决思路，为"一带一路"科技合作圈的形成提供不同问题的解决方法。

2.1 双边视角下科技合作收益的分配：纳什谈判解

中国在与"一带一路"沿线国家不同的参与国进行科技合作时，需要对科技合作中科研收益的分配或科研投入进行谈判，尤其是在科技实力相当的情况下。谈判中，各参与国如何通过讨价还价实现一个双方都接受的（有效的）协议呢？讨价还价博弈（bargaining games）提供了解决对可能结果磋商的一般化理论。

讨价还价博弈是指两个或者多个参与人对一个双方都同意的分配结果进行讨价还价的过程。根据合作博弈关于有效协议的定义，讨价还价博弈也属于合作博弈的范畴。科技合作中的谈判问题可以用以下的讨价还价博弈进行解释。

考虑两个参与国对未来的合作收益进行谈判的场景，定义两个参与国的讨价还价博弈(S,d)。其中，$S \subseteq \Re^2$为可行集，包含了可能的谈判结果，是一个紧的非空凸集，令$x = (x_1, x_2) \in S$，x_1为参与国1可能从谈判中获得的支付，x_2为参与国2可能从谈判中获得的支付，参与国在谈判过程中的总支付为m；$d = (d_1, d_2)$为谈判无法达成一致时双方的收益，即退出收益或外部选择的价值。首先考虑两个参与国在科研合作时拥有同等谈判能力的情景。

讨价还价博弈中最为重要的解概念是 Nash（1953）提出的纳什谈判解（Nash bargaining solutions）。纳什谈判解建立在以下公理基础上。

（1）个体理性公理。假定$x \gg d$，即参与人达成一致时的收益恒大于无法达成一致时的收益。个体理性对谈判可行集中的选择进行了限制，使相关研究不必要去讨论不合乎理性假设的解。

（2）有效性公理。一个可能的讨价还价结果 $x \in S$ 被称为有效的，当且仅当不存在 $y \in S, y \neq x$，使得 $y \geq x$。有效性即帕累托最优性质，指的是在可行集中存在帕累托最优解，不存在其他的配置使得某个参与国高于帕累托最优解的同时，其他的参与国从该配置中获得的收益不小于帕累托最优解中的收益。

（3）对称性公理。对称性是指参与人各方面性质一致时，谈判的解也是对称的，具体为：若 $d_1 = d_2$（无法达成一致时，参与人收益相同）且 $x = (x_1, x_2) \in S$，那么 $x = (x_2, x_1) \in S$。对称性的经济内涵是指参与国如果在各方面的特征都一致，那么谈判解中双方收益也相同，即参与国之间不存在谈判地位的不平等。从另一个角度来看，假定谈判的解是由一个虚拟的仲裁者给出，那么，对称性意味着讨价还价问题的解是对称的，所求得的解同时满足了公平与效率两方面的要求，是双方最能接受的"合理"分配解。

（4）线性不变性公理。是指对于一个函数 $x \mapsto ax + b$，其中 $a, b \in \Re$，并且 $a \gg 0$，解概念满足 $\varphi(aS+b, ad+b) = a\varphi(S,d) + b$。线性不变性公理包括两个方面的性质，单位无关性与变换共变性。其中，单位无关性关注的是这样一种情况：假设我们采用"元"作为效用的计量单位时，将计量单位变成"分"，那么，原博弈的解不变；变换的共变性则可以理解为每个参与人在讨价还价的起始点获得的金钱不改变他们在讨价还价过程中获得的利润。

（5）无关选择性公理。假定 $S \subseteq T$ 且 $\varphi(S,d) \in S$，如果 $\varphi(S,d)$ 是参与人的选择，那么当可选集合扩大到 T 时，参与人仍然会选择 $\varphi(S,d)$。

根据上述五个公理，Nash（1953）证明了最优谈判解的存在性与唯一性，有以下定理与引理。

定理：对于每一个讨价还价博弈 $(S,d) \in \mathfrak{F}$ 存在一个单一的解概念 $\mathfrak{R}$ 对于合集 $\mathfrak{F}$ 满足个体理性、有效性、对称性、线性不变性与无关选择性五大公理。

引理：对于每一个讨价还价博弈 $(S,d) \in \mathfrak{F}$ 存一个唯一的点使得

2 合作博弈理论下的科技合作圈收益分析

$$\arg\max_{x\in S, x\geq d}(x_1-d_1)(x_2-d_2)$$

其中，$(x_1-d_1)(x_2-d_2)$ 称为"纳什乘积"。根据假定，在本模型中上述最优化需要满足 $x_1+x_2=m$。根据一阶微分条件，可得"一带一路"科技合作中各参与国之间的纳什谈判解为

$$x_1=m+d_1-d_2$$
$$x_2=m+d_2-d_1$$

根据纳什谈判解可以得知，最优的谈判结果中，参与国 1 应当获得的最优谈判收益是其退出收益与总收益之和减去参与国 2 的退出收益，反之则为参与国 2 应当获得的谈判收益。纳什谈判解体现了以下特征。

(1) 参与国在纳什谈判解中的收益随谈判的总支付 m 的增加而增加，即随着科技合作能够提供的整个"蛋糕"变大，参与国通过谈判在分配中能够获得的收益也相应增加。

(2) 参与国在纳什谈判解中的收益随着自身的外部选择的变大而增加。以参与国 1 为例，当参与国 1 的外部选择 d_1 增加时，它的谈判收益也会提高，因为如果谈判失败，它能够从外部选择中获得的收益越高，那么，它谈判失败受到的损失越少。对应地，参与国 2 的谈判收益也会随其外部选择价值的增加而增加。

(3) 参与国在纳什谈判解中的收益随其他参与国外部选择的增加而减少。以参与国 1 为例，如果参与国 2 的外部选择很大，那么，谈判无法达成一致对参与国 2 的影响就相对较小，参与国 1 为达成一致需要让渡更多的收益，因此，参与国 1 的谈判收益就会随之下降。对应地，参与国 2 的谈判收益也会随着参与国 1 的外部选择的增加而减少。

接下来，我们将探讨谈判能力如何影响科技合作圈的形成。在实际的科技合作圈中，不同参与国之间可能存在谈判能力的差异，这些差异可能来源于两个方面：一是国家经济实力的差距，经济实力的差距主要体现于各国在开展科技合作时对科技合作经费投入的意愿，并最终反映在谈判实力上；二是参与国之间的科研实力差

距,科研实力是经济实力之外影响谈判能力的重要因素。

为此,假定参与国 1 在科技合作圈中的谈判能力为 α,$0 < \alpha < 1$,则参与国 2 的谈判能力为 $1 - \alpha$,纳什乘积相应变换为 $(x_1 - d_1)^{\alpha}(x_2 - d_2)^{1-\alpha}$,因此,在双方存在谈判能力差异时的纳什谈判解应使得

$$\arg\max_{x \in S,\, x \geq d} (x_1 - d_1)^{\alpha}(x_2 - d_2)^{1-\alpha}$$

解得纳什谈判解为

$$x_1 = \alpha(m - d_2) + (1 - \alpha)d_1$$
$$x_2 = (1 - \alpha)(m - d_1) + \alpha d_2$$

由上述解我们可以得知,参与国的谈判能力能够显著提高它从谈判中分配的收益。以参与国 1 为例,参与国谈判能力 α 对它在纳什谈判解中收益 x_1 的边际影响为

$$\frac{dx_1}{d\alpha} = m - d_2 - d_1$$

由 $x_1 + x_2 = m$ 与个体理性公理 $x \geq d$ 可知,$\frac{dx_1}{d\alpha} = m - d_2 - d_1 > 0$,因此,谈判能力 α 对它在纳什谈判解中收益 x_1 的边际影响为正,即随着参与国 1 谈判能力的提高,其谈判收益会得到相应的提高。相应地,参与国 2 的谈判能力 $(1 - \alpha)$ 也会对其收益 x_2 施加一个正的边际影响,即随着参与国 2 谈判能力的提高,它能够从谈判中获得更高收益。

讨价还价博弈与纳什谈判解基于总支付、外部选择与谈判能力,为"一带一路"科技合作中的收益分配问题提供了科学的分析手段,有利于促进国际科技与研发交流以及"一带一路"科技合作圈的形成。

2.2 夏普利值与多边科技合作收益的分配

随着我国经济实力的不断增强,我国科技投入与科技实力稳步

提高,进一步缩小了与全球科技大国之间的差距。在"一带一路"科技合作圈的形成中,不仅有新加坡、印度等与我国科技实力相当或相互之间存在科技比较优势的国家,也包含一些科技实力相对较弱、但能够为其他国家提供不可或缺的实验与数据的国家。那么,当参与国之间存在科研实力异质性甚至科研实力悬殊的时候,如何对合作收益进行分配才能为科技合作圈的形成提供足够激励?夏普利值能够根据各参与国对合作的边际贡献分配利益,是一种基于边际分析的科学分配理论。接下来,我们通过合作博弈中的夏普利值方法讨论该问题。

按照联盟内参与人之间是否可以进行转移支付,联盟博弈可以分为转移支付联盟博弈与不可转移支付联盟博弈,考虑到技术创新成果的可转让性以及研发成本可以转移,我们选择转移支付联盟博弈进行分析,并将其定义为 (N, v):① $N = 1, 2, \ldots, n$ 为有限的参与人集合,N 的一个子集称为一个联盟。所有联盟的合集定义为 2^N;② $v: 2^N \to \Re$ 是一个对每个联盟 S 赋予某个值 $v(S)$ 的函数(特征函数),满足 $v(\phi) = 0$,可视为联盟 S 的总支付,用于分配给其成员。

特征函数可以根据 Von Neumann 与 Morgenstern(1944)的工作定义为

$$v(S) = \min_{\sigma_{N \setminus S} \in \Delta(C_{N \setminus S})} \max_{\sigma_S \in \Delta C_S} \sum_{i \in S} U_i(\sigma_S, \sigma_{N \setminus S})$$

由于参与国之间存在科技实力的差异,为方便起见,不失一般性地,我们将国家依据科技实力按照下标排序,使得当 $i \leq j$ 时,联盟支付函数满足不等式 $v_i \leq v_j$,即科技相对弱国是科技强国研发实力的一部分;或者说,如果科技实力相对较强的国家率先加入联盟,科技实力相对较弱的国家后加入,将不提高科技联盟总收益。假定参与国在联盟中进行科技研发不存在"偷懒"问题。那么,如何合理地根据科技实力来分配收益是我们要考察的问题。

夏普利(Shapley,1953)针对多次合作博弈中的收益分配问题，以纳什谈判解与均衡分析的思路，提出了夏普利值的概念，夏普利值主要通过边际贡献进行联盟支付（收益）的分配。参与人 i 对联盟 S 的边际贡献定义为 $\Delta_i(S) = v(S \cup i) - v(S)$，那么夏普利值可以定义为

$$\psi_i(N, v) = \frac{1}{|N|!} \sum_{R \in \mathfrak{R}} \Delta_i(S(R))$$

其中 $\psi_i(N, v)$ 是第 i 个参与人获得的支付，R 是参与人 N 的一个排列，所有可能的排列有 $|N|!$ 个，所有的排列的集合可记为 $\mathfrak{R}$。夏普利值的经济学含义是，赋予每个参与人的支付等于参与人对所有可能的联盟的边际贡献的平均值。夏普利值具有以下良好特征解。

（1）对称性：对任意 $S \subseteq N$，$i \notin S$，$j \notin S$，如果满足 $\Delta_i(S(R)) = \Delta_j(S(R))$，那么 $\psi_i(N, n) = \psi_j(N, n)$；

（2）有效性：如果对任意 $S \subseteq N$，$i \notin S$，都有 $\Delta_i(S) = v(i)$，那么 $\psi_i(N, n) = v(i)$；

（3）可加性：对任意两个博弈 (N, v) 与 (N, w)，对任意的 $i \in N$，$\psi_i(N, v+w) = \psi_i(N, v) + \psi_i(N, w)$，其中 $(N, v+w)$ 定义为对任意 $S \subseteq N$，$(v+w)(S) = v(S) + w(S)$。

（4）唯一性：夏普利值是具有上述三个特性的合作博弈的唯一解。

接下来，我们通过一个具体的实例说明如何运用夏普利值分析参与国之间的科技合作圈的收益分配问题。在该例子中，假定有三个潜在的参与国可能结成科技联盟，即 $N = \{1, 2, 3\}$，参与国 1 与参与国 2 为实力相同的科技实力相对弱的参与国，参与国 3 为科技实力相对强国。该算例作为一个较为极端的例子，为科技领先国与科技实力相对较弱国之间的合作提供了解决思路。

根据上述科技实力的强弱关系，我们可以将参与国 $N = \{1, 2, 3\}$ 对合作收益的贡献程度假设为

$v(1) = v(2) = v(3) = v(1,2) = 0, v(1,3) = v(2,3) = v(1,2,3) = 1$

$v(1)$、$v(2)$ 与 $v(3)$ 分别表示只有参与国 1、参与国 2 或参与国 3 同意合作时的联盟支付，$v(1,2)$、$v(1,3)$ 与 $v(2,3)$ 分别表示

2 合作博弈理论下的科技合作圈收益分析

有两个参与国同意合作时的联盟支付,而 $v(1,2,3)$ 则表示三个参与国都同意合作时的联盟支付。在这个科技合作博弈中,三个参与国进行合作的最终收益为1。在这种情况下,各参与国应该从合作中获得多少收益呢?

在这个算例中,参与国3的研发实力最强,如果没有它参与,联盟支付为0;另一方面,如果其他参与国都不参与,只有参与国3同意合作,联盟支付同样为0。显然,把支付全部给参与国3是不合理的,但参与国1与参与国2又不应该获得过高的支付。那么,什么样的分配比例合理呢?夏普利值基于边际分析的思路给出了合理的收益分配方法。

基于上述假设,如果只有一个国家愿意合作时,联盟支付为0;如果只有参与国1与参与国2愿意合作时,由于研发实力不足,联盟支付同样为0;当参与国3愿意合作,并且其他国家至少有一个愿意合作时,联盟支付为1。假定满足了当 $i \leq j$ 时 $v_i \leq v_j$ 的联盟支付的假设。

根据夏普利值的定义,由于参与国能够分配的支付与它们的边际贡献有关,而边际贡献又与参与国之间同意合作的顺序(排列)有关,因此,有必要考虑不同参与国在同意是否合作上的所有的顺序的可能。在上述科技合作实例中,我们可以计算出各参与国的夏普利值与所有可能的排列之间的关系,如表1所示。

表1 参与国边际贡献与排列间的关系

排列	参与国1的贡献	参与国2的贡献	参与国3的贡献
(1,2,3)	$v(1) - v(\phi) = 0$	$v(1,2) - v(1) = 0$	$v(1,2,3) - v(1,2) = 1$
(1,3,2)	$v(1) - v(\phi) = 0$	$v(1,2,3) - v(1,3) = 0$	$v(1,3) - v(1) = 1$
(2,1,3)	$v(1,2) - v(2) = 0$	$v(2) - v(\phi) = 0$	$v(1,2,3) - v(1,2) = 1$
(2,3,1)	$v(1,2,3) - v(2,3) = 0$	$v(2) - v(\phi) = 0$	$v(2,3) - v(2) = 1$
(3,1,2)	$v(1,3) - v(3) = 1$	$v(1,2,3) - v(1,3) = 0$	$v(3) - v(\phi) = 0$
(3,2,1)	$v(1,2,3) - v(2,3) = 0$	$v(2,3) - v(3) = 1$	$v(3) - v(\phi) = 0$

以排列（1，2，3）为例，参与国1、参与国2与参与国3依次进入。参与国1的边际贡献为0，等于其单独同意时的联盟支付减去没有参与国同意（空集）时的联盟支付；参与国2的边际贡献等于0，等于它和参与国1都同意时的联盟支付减去参与国1单独同意时的联盟支付；参与国3的边际贡献等于1，等于3个参与国都同意时的联盟支付减去只有参与国1与参与国2同意时的联盟支付。在每个排列下，参与国的边际贡献的均值为它的夏普利值，可得该合作博弈的夏普利值为

$$\psi(N,v) = \left(\frac{1}{6}, \frac{1}{6}, \frac{2}{3}\right)$$

夏普利值的结果表明，在上述联盟博弈中，根据各参与国在合作博弈过程中的边际贡献，参与国1与参与国2应当分别获得$\frac{1}{6}$的支付，参与国3应当获得$\frac{2}{3}$的支付。参与国1最终获得的$\frac{1}{6}$的支付来源于参与国3先进入而参与国1紧跟着进入的情况，因为参与国1的边际收益为1，这是参与国1在6种可能情况中唯一的正边际贡献，因此参与国1的最终支付为$\frac{1}{6}$。参与国2的情况类似，参与国2最终获得的$\frac{1}{6}$的支付来源于参与国3先进入而参与国2紧跟着进入的情况，因为参与国2的边际收益为1，这是参与国2在6种可能情况中唯一的正边际贡献，因此参与国2的最终支付为$\frac{1}{6}$。其他的4种情况中，即参与国3不是第一个选择是否同意合作的情形下，参与国3的边际贡献均为1，因此它的最终收益分配为$\frac{2}{3}$。最终，参与国$N = \{1,2,3\}$基于夏普利值在科技合作博弈中获得的支付依次为$\frac{1}{6}$，$\frac{1}{6}$，$\frac{2}{3}$。

上述结果指出，当某个参与国不存在自己的科研优势、但能够通过参与合作提高整体福利时，就需要根据这样的边际贡献对该国

分配收益，以提供足够的合作激励。

根据上述的分析可以看出，夏普利值能够为"一带一路"沿线参与科技合作的国家实现科技合作与形成科技联盟提供合理的分配规则，在科技实力上存在异质性的参与国之间，基于不同参与国对科技合作的（边际）贡献程度，使参与国能够合理解决合作中的利益分配问题，并提供足够的科技合作激励，推动参与国之间的科技合作，形成科技合作圈。

2.3 科技合作的成本分担与投资激励

在"一带一路"科技合作圈的发起与运行过程中，"搭便车"是阻碍合作形成与维持的主要问题：由于合作科研具有公共产品的特征，尤其是在协议保障下的技术的非竞争性与非排他性，因此，总是可能存在参与国在不付出努力的情况下获得与其他参与国一样的收益，即"搭便车"行为。当参与国之间在事前签署的科技合作协议中更多地考虑战略目的而忽视合作激励时，科技合作圈的后续科研项目中的"搭便车"问题将变得更加严重。

Tabarrok（1998）通过建立多参与人共同提供公共物品并存在"偷懒"与"搭便车"行为的博弈模型，对原有的占优保障合同（机制）进行了改进，为参与人合作供给某种公共物品提供了可靠的机制。接下来，我们通过运用该占优保障合同，探讨如何通过设计合理的合作机制，为科技合作圈形成之后的科技合作的维持提供足够的激励。

考虑这样一个场景，在一个已形成的科技合作圈内，存在 N 个参与国准备对某项技术创新展开合作，并通过投入资金的形式启动该科研项目。所有博弈都是在完全信息下进行的。项目具有以下性质。

（1）任何参与国都不愿意被其他参与国认为它在"搭便车"，即当其他所有参与国都选择投入，那么它也会选择投入；但如果它知道其他参与国不选择投入，那么它也不会选择投入。

（2）项目投入存在一个最低值 C，如果超过最低值 C，那么科研项目确定地对所有人产生一个正的支付；但如果没有达到这个最低值 C，那么科研项目失败，对所有参与国不产生任何收益。

（3）科研项目成功后形成的技术具有公共产品的非竞争性，即项目成功后该技术向一个额外的技术消费国提供商品或服务的边际成本为零。

（4）科研项目成功后形成的技术的非排他性，即任何参与国都不能因为自己消费了该技术而排除他人对该技术的消费。该性质与性质（3）体现了科研成果的公共产品性质。

由于参与国的异质性对合作博弈的影响更多是在谈判能力与分配权重方面，因此本模型暂时不考虑科技合作参与国的异质性。首先考虑科技投入将是选择投入参与国的沉没成本的情况，根据之前关于科技项目（产品）的假设，我们可以首先得到参与国科研合作囚徒困境，博弈中的支付以数值形式给出，但并不妨碍对合作博弈的解释。（见表2）

表2 参与国科研合作的囚徒困境

		其他参与国	
		不投入	投入
参与国 i	不投入	(0, 0)	(95, 80)
	投入	(-10, 0)	(90, 90)

在表2的科研合作囚徒困境中，无论其他参与国是否选择投入，选择不投入都是参与国 i 的占优策略。具体包含以下两种情况：①在博弈矩阵的第1列中，当其他参与国选择不投入时，参与国 i 选择不投入的支付是0，而选择投入的支付是 -10，那么选择不投入是参与国 i 在其他人选择不投入时的占优策略；②在博弈矩阵的第2列中，当其他参与国选择投入时，参与国 i 选择投入的支付是90，选择不投入的支付是95，因此选择不投入仍是参与国 i 在其他参与国选择投入时的占优策略。

对于其他参与国而言，同样分为两种情况：①在矩阵的第2行中，参与国 i 选择投入，那么其他参与国也选择投入能够获得更高的收益；②在矩阵的第1行中，当参与国 i 选择不投入，其他参与国同样会选择不投入，以避免投入不足而造成的资源浪费及负效应。由于参与国 i 的策略是不投入，那么（不投入，投入）是最终的均衡，因此，最终效用最大化的每个参与国都不会参与，科技合作圈无法形成，该项目的合作研发成为囚徒困境。

从另一个角度来看，参与国 i 事实上是所有参与国都面临的情况，即对于任意的参与国，无论其他科技合作参与国如何选择，该参与国选择不进行投入是其占优策略。因此，对这种有最低投入要求的科研项目，所有的参与国都不会进行投入，导致科技合作博弈中出现囚徒困境，而为研发共同使用的技术的科技合作圈则无法形成或维持。

为解决上述的科技合作囚徒困境，可以采用一种方法减少参与国选择合作的沉没成本，减少某些参与国不进行投入时其他参与国选择投入的损失，使科技合作博弈可能出现一种合作的结果。

在公共技术合作博弈中，所有参与国在结成科技合作圈的时候约定设立一个共同的科研基金，让所有的参与国选择是否投入。当参与国选择投入的时候，他们会将投入的资金先存入科研基金，当科研基金达到参与的下限的时候，科研项目开始并对所有参与国产生一个正的支付。如果投入的总金额无法达到最低投入值 C，选择投入的参与国将会获得全额的投入返还。通过该科研基金机制，科技合作圈避免了沉没成本带来的投入损失，因此，符合上述假定的博弈可以通过表3来表示。

表3　公共技术合作博弈

		其他参与国	
		不投入	投入
参与国 i	不投入	(0, 0)	(95, 80)
	投入	(0, 0)	(90, 90)

在表3呈现的第一类改进的科技合作囚徒困境中,无论其他参与国是否选择投入,选择不投入是参与国 i 的弱占优策略。具体包含以下两种情况:①在博弈矩阵的第1列中,当其他参与国不选择投入时,参与国 i 选择不投入的支付是0,而选择投入的支付是0,那么在这种情况下是否选择投入都对参与国 i 无差异;②在博弈矩阵的第2列中,当其他参与国选择投入时,参与国 i 选择投入的支付是90,选择不投入的支付是95,因此选择不投入仍是其他参与国选择投入时的占优策略。因此,不投入是参与国 i 的弱占优策略。

对于其他参与国而言,同样分为两种情况:①参与国 i 选择投入,那么其他参与国也选择投入能够获得更高的收益;②当参与国 i 选择不投入,其他参与国的选择是不投入。因此,无论参与国 i 如何选择,其他参与国的弱占优策略是投入。

在某些特殊的假定下,比如参与国存在利他主义倾向或害怕其他国家进行审查,并且这类参与国的总投入超过了投入的最低限额,那么(不投入,投入)的均衡是可以实现的,甚至(投入,投入)的均衡也可以实现。虽然这导致一部分参与国通过"搭便车"获得收益,但只要能够达到投入最低限额,那么将使得所有的参与国的收益得到巨大的提升。

那么,是否有机制能够进一步对上述博弈进行改进呢?答案是肯定的。当参与国共同决定将最低投入 C 平均分配成 N 份,即每个参与国分担 $\frac{C}{N}$ 的投入,则科技合作博弈如表4所示。

表4 改进的公共技术合作博弈

		其他参与国	
		不投入	投入
参与国 i	不投入	(0,0)	(0,0)
	投入	(0,0)	(90,90)

2 合作博弈理论下的科技合作圈收益分析

在改进的公共技术合作博弈中，所有参与国在结成科技合作圈的时候约定设立科技投入的科研基金，并且将每个投入设定为$\frac{C}{N}$，那么博弈中各参与国的行动策略与均衡如下。

对于参与国 i 而言，具体包含以下两种情况：①在博弈矩阵的第1列中，当其他参与国选择不投入时，参与国 i 无论选择投入还是不投入支付都为0，那么在这种情况下是否选择投入都对参与国 i 无差异；②在博弈矩阵的第2列中，当其他参与国选择投入时，参与国 i 选择投入的支付是90，选择不投入的支付是0，则选择投入仍是其他参与国选择投入时的占优策略。

对于其他参与国而言，同样包含以下两种情况：①在博弈矩阵的第1行中，当参与国 i 选择不投入时，其他参与国无论选择投入还是不投入支付都为0，那么在这种情况下是否选择投入都对其他参与国无差异；②在博弈矩阵的第2行中，当参与国 i 选择投入时，其他参与国选择投入的支付是90，选择不投入的支付是0，则其他参与国会选择投入。

综合参与国 i 与其他参与国的行动，（投入，投入）是博弈的一个纳什均衡。如果参与国都选择投入，那么它们都会获得同样的收益。虽然（投入，投入）的均衡改善了公共技术合作博弈，但是所有科研参与国一致行动的要求非常强，导致该纳什均衡非常脆弱。同时，（不投入，不投入）也是博弈的一个纳什均衡，并且，在多次博弈中，一旦有参与国选择不投入，那么科研合作联盟就会"陷入"（不投入，不投入）的纳什均衡中，导致科技合作圈的破裂。是否存在某个机制，能够进一步改进这种情况，避免这种均衡的出现？以下的占优保障合同机制能够避免该情况的出现。

假定科技合作圈存在一个代表整体利益的虚拟的组织者，组织者不参与博弈。考虑以下的两阶段博弈。在第一阶段，组织者选择停止合作或是向所有的 N 个参与国提供一个合同，该合同定义为 (L, M, K)。在第二阶段，各参与国选择是否接受该合同。如果各参与国选择接受合同，其收益由已有选择接受的参与国数量决定：如果现有选择投入的参与国数量小于 K，那么组织者将给所有选择投入的参与国价值 L 的奖励；如果现有选择投入的参与国数量大于 K，那么所有选择投入的参与国需要向组织者支付 M 单位的金额。假定项目成功，那么参与国都将获得 V 的收益，投资的总成本则为 C。假定现有选择投入的参与国数量为 X。假定 $L>0$，$V>0$，$C>0$。那么，该合同的收益如表 5 所示。

表 5 占优公共技术合作博弈

如果 $X<K$，那么接受合同获得的收益为 $L>0$
如果 $X \geqslant K$，那么接受合同必须支付组织者 M
科技合作圈研发出一项技术，给予每个参与国同样的支付 V
收益为 $V-M$

那么，组织者将获得的收益为：①合作失败时，为 $-XL$；②合作成功时，为 $XM-C$。采用逆向选择方法求解该博弈，在第二回合时，如果 $K<N$，不会发生所有的参与国都选择投入或不投入。如果所有的参与国选择投入，那么会出现至少一个参与国选择将策略改变为不投入，并获得 $V>V-M$。如果所有的参与国选择不投入，那么会出现至少一个参与国选择投入，并获得 L。

存在两类纯策略子博弈均衡：一类纯策略子博弈均衡中合作成功，联盟中所有参与国获得公共技术；另一类纯策略子博弈均衡中合作失败。第一类纯策略子博弈均衡为 $V-M \geqslant 0$ 时出现，此时 K 个参与国投入但其他的参与国不投入。在这一情况下，一个选择投入的参与国无法通过改变策略提升自己的收益，因为 $V-M \geqslant 0$；一个选择不投入的参与国也无法通过改变策略提升自己的收益，因为 $V>V-M$。存在 C_N^K 个这种均衡，在这类纯策略子博弈均衡中，科技合作成功，所有的参与国获得公共技术。

当 $V-M<0$ 时，另一种子博弈均衡出现：此时 $K-1$ 个参与国投入但其他的参与国不投入。一个选择投入的参与国无法通过改变

2　合作博弈理论下的科技合作圈收益分析

策略提升自己的收益，因为 $L>0$；一个选择不投入的参与国也无法通过改变策略提升自己的收益，因为 $V-M<0$。存在 C_N^{K-1} 个这种均衡，在这类纯策略子博弈均衡中，科技合作失败。

在第一阶段，作为组织者总是能够获得一个支付为 0 的结果。为保证合作成功，那么组织者一定会在合同中设定 $V>M$。则参与人就需要最大化以下条件。

$$\prod = XM - C$$
$$s.t.\ V - M \geq 0$$

显然，组织者能够通过以下行动实现利润最大化：令 $K=N$，且 $M=V-\varepsilon$，其中 ε 为无限接近于 0 的正数。那么，该博弈与表 5 中改进的公共技术合作博弈就非常相近，但唯一的不同在于：改进的公共技术合作博弈中，所有的均衡中只有一个均衡合作是成功的；占优公共技术合作博弈中，所有参与国都投入是唯一的子博弈完美纳什均衡。并且，投入策略的占优性为该均衡提供了充分的稳定性，使得合作均衡一定存在。

通过上述占优公共技术合作博弈（或成为占优保障合同），不同的参与国在组成科技合作圈之后，依然能够推动后续的科研项目，并避免了科技合作的囚徒困境与"搭便车"问题。该机制（合同）提供的思路能够为现实中合作机制的构建提供科学的运用方法，为不同国家提供充分的合作激励，促进"一带一路"科技合作圈发挥积极作用，不断运作与推出新的科研成果，促进"一带一路"国家的经济与科技共同发展。

3 科技合作圈建设的国际经验

3.1 欧盟科技创新合作与发展战略

随着全球化时代的到来,国际科技合作日益加强,合作模式日趋多样化。科学界已经达成共识,国际科学合作是解决全球性重大科学问题的必由之路,开展国际科学合作有利于提高参与国的基础研究水平,有利于吸收世界范围的创新思想,有利于培养高水平的创新人才,促进科学技术进步。[1]

作为多极化世界的重要一极和当今世界最具影响力的一体化组织,欧盟一直是全球研究与创新领域的佼佼者。其人口仅占全球7%,却拥有占全球24%的研发投入,并产出了全球32%的高影响力论文和32%的专利申请。欧盟堪称国际科学合作方面的典范,其科技战略和行动的最主要工具"研究、技术开发及示范框架计划"(以下简称"框架计划")是目前世界上规模最大的官方综合性研发计划之一,到目前为止参与者遍布全球近200个国家,涉及近百万个高水平科研机构、大学和企业。

3.1.1 欧盟的科技合作发展战略[2]

自20世纪90年代中期以来,长期停滞不前的欧洲一体化进

---

[1] 杨巧实:《欧盟重大科技计划实施中的跨国科技合作研究》(学位论文),哈尔滨工业大学2008年。
[2] 王顺桂、赵郓、崔伟、包素红:《走进新世纪的俄罗斯、欧盟与中国》,当代世界出版社2001年版。

程，在欧盟科技合作实施的推动下获得极为强劲的发展势头，欧盟大多数国家的国际竞争力在不断提高，新经济得以持续发展。进入21世纪以来，其经济发展更加引人瞩目。欧盟的科技合作发展战略主要体现在三个方面。

第一，确立欧盟统一的高新技术研究与开发计划。20世纪80年代初期，欧洲共同体开始实施一系列科技合作发展计划，于1980年和1985年分别实施"科技发展和研究框架计划"和"尤里卡计划"。这些计划明确将科技合作重点集中于通信技术、新工业材料等改善新兴技术密集型部门的竞争领域。并自1984年起，将绝大多数计划纳入统一的多年计划框架之中。1986年，在修改《罗马条约》基础上签订的《欧洲单一文件》，首次为共同体的现代技术政策提供了法律基础，明确宣称其总目标是加强共同体产业的科技基础和鼓励其在国际上更具竞争力。1991年《马斯特里赫特条约》（简称《马约》）作为直接推动欧盟诞生的条约，在欧盟科技合作发展的进程中有着重要的历史地位。《马约》的签署肯定了欧盟执委会在协调成员国政策与欧盟自身计划中的作用，进一步扩大了框架计划的适用范围。欧盟统一的研究与开发政策通过三种形式实施：一是集中动员全欧盟的公司、研究中心和大学参与某一研究项目，参与方订立契约、分摊成本；二是欧盟出面协调成员国的高新技术研究活动，但对活动本身并不提供资金；三是欧盟直接出面承担某些新技术研究项目。

第二，欧盟各国联合进行高新技术研发合作战略。"科技发展和研究框架计划"和"尤里卡计划"是当时的欧共体联合进行高新技术科研的重要尝试。欧盟各国在高科技领域的合作从此加强了内部协调，实现欧盟科技一体化和在高新技术产业内各成员国间的广泛合作，以此提高欧盟企业的竞争力。20世纪90年代中期启动的第四个"多年框架计划"，其拨款为第三个计划的两倍，确定了引入泛欧网络最优化和欧洲技术评估研究，加强了欧盟国际研究合作的实质性内容。1998年年底通过的欧盟第五个"框架计划"，其研究活动集中在改善欧盟经济的竞争力上，对研究与技术开发给予新的推动。

第三，加强欧盟各国间的教育与培训合作。自20世纪80年代以来，欧洲共同体一系列新的教育培训政策开始相继出台，包括1983年的"新技术职业培训计划"、1987年的"大学与产业合作培训计划"、1989年的"外语培训计划"，以及1990年推动的"欧共体工人普遍参加培训的计划"等。自20世纪90年代以来，欧盟加强各国间的教育与培训合作的势头又有所加强，主要表现在：一是根据欧共体决议，将"教育与培训政策"的范围明确扩展至五大领域，包括发展欧洲独特的文化多元性、促进欧共体范围内的人员跨国流动、普及各种培训计划、改善教育体制与培训方式，以及组织与非欧盟国家的交流。二是欧盟大幅度增加了预算拨款用于促进欧盟各大学、各类学校之间的交流合作，其目的是通过加强各种教育机构之间的合作，推动教育方式更趋现代化。三是欧盟执委会于1995年6月宣布成立关于教育与培训的高层思考小组。欧盟将教育与培训方面的无形投入提高到与高新技术研究和创新同样的水平。这些措施具有特别重要的意义，是从根本上提高欧盟企业国际竞争力的希望所在。

3.1.2 欧盟与第三国科技合作战略

在鼓励欧盟与第三国开展国际合作方面，2014年欧盟委员会在前期大量调研基础上出台的"地平线2020"中，针对第三国科学合作的战略方案，实施"全面开放的国际合作"和"有针对性的国际合作"。"全面开放的国际合作"让欧盟研究人员可以不受限地与世界各地的同行开展合作，第三国的研究人员和研究机构可以参与"地平线2020"项目；"有针对性的国际合作"指与主要合作伙伴开展符合科学、经济和政治需求的国际合作活动，为此需要制定专门的国际合作战略及目标。在实施中，欧盟采取了以全面开放的国际合作活动为主导、以针对性的国际合作活动为辅助的模式。

欧委会组织独立高层专家组对欧盟国际科技创新合作战略的实施

进行了全面的系统性总结评估。评估报告认为，欧盟国际科技创新合作战略在对外开放方面总体上表现突出，积极应对全球社会挑战，诸如减缓气候变化、抗击传染性疾病、确保粮食安全和促进绿色发展等。

欧盟国际科技创新合作战略确定的目标为：强化欧盟科技创新卓越，创建具有吸引世界一流科技创新人才的欧盟研究区（ERA），努力提升欧盟工业企业全球竞争力，共同应对全球社会挑战和支持欧盟统一对外政策。评估报告还对欧盟科技创新合作战略六大优先行动的进展情况进行了评估，分别为：①欧盟"地平线2020"的对外开放，"地平线2020"国际科技创新合作项目的执行情况；②改进和创造国际科技创新合作条件；③加强欧盟在国际多边框架下的主导作用；④强化欧盟成员国之间的伙伴关系，一致对外；⑤统一协调欧盟科技创新政策；⑥加强国际科技创新人员的合作与交流。[1]

欧委会负责科研与创新事务的委员莫埃达斯（Moedas）在一个评估报告发布会上指出："当今世界没有任何一个国家或区域独自面对复杂严峻的全球社会挑战，因此科技创新需要全球相互合作开放。加强全球科技创新合作，保持科技创新卓越，创造新商业机遇和促进全球可持续发展。"[2]

3.1.3 中国与欧盟的科技合作概况

中国与欧盟的科技合作主要从两个层面展开：中国与欧盟的科技合作、中国与欧盟成员国的科技合作。中欧科技合作的三个主渠道是：同欧盟框架计划合作、同欧盟成员国的政府间合作、中欧技术贸易合作。同欧盟框架计划的合作是中欧科技合作的主要渠

---

[1] 薛澜、周源：《战略性新兴产业》，科学出版社2019年版。
[2] 《欧盟国际科技创新合作战略评估报告》，见中华人民共和国驻欧盟使团官网（http://www.chinamission.be/chn/kjhz/kjjl/t1408150.htm）。

道。① 随着"地平线2020"计划的出台，中欧科技合作进入了一个机遇与挑战并存的新的历史时期。由于中国被欧盟列入高收入国，中方研究机构无法获得欧盟经费支持，中国必须能够提供匹配经费资助其研究人员参与框架计划的相关研究。这让中国与欧盟之间的科技合作面临新的挑战，也把如何建立平等互利共赢的中欧国际合作联合资助新机制提上了双方议程。

3.2 世界三大湾区科技合作战略

世界三大湾区的发展都有其作为区域创新引领者的优势，旧金山湾区是科技创新引领者，纽约湾区是世界金融核心引领者，东京湾区是全球化制造业布局引领者。世界三大湾区的建设与发展，对粤港澳大湾区科技合作圈的建设有启示作用。

3.2.1 旧金山湾区依靠政府和高校合作打造充满活力的科技创新生态系统

旧金山湾区是美国西海岸加利福尼亚州北部的一个大都会区，面积1.8万平方公里，2017年，人口超过760万，湾区生产总值（GDP）高达0.8万亿美元。苹果、谷歌、脸书等互联网巨头和特斯拉等企业的全球总部聚集于此，被誉为世界上最重要的高科技研发中心之一。

旧金山湾区一直充满了科技创新活力，闻名世界的硅谷就坐落于其中，许多以创新为导向的企业都把总部设于此，如惠普、英特尔、谷歌和苹果等。硅谷是世界上所有科技创新工作者都向往的工作地点，这里是最有活力的创业圣地，有超过两万家科技型企业。这里已经形成一种创新文化。硅谷内部的创业环境开放、宽容、自

---

① 王同涛、徐离永：《中方机构参与欧盟框架计划的现状及问题研究》，载《中国科技论坛》2012年第9期，第142–147页。

由，使得创业者在这里形成了一种不畏惧失败、不断挑战的创新创业精神。比如，由于经济危机，2008—2009年，硅谷内倒闭的企业数量较前年增加了大约8%，但是与之相对的是，新建立的企业数量却神奇地增加了大约48%。正是这种敢于创新创业的硅谷精神，使得硅谷的科技创新活力生生不息。创业者敢于挑战、不畏惧失败，社会氛围也包容失败、鼓励创新，使得旧金山湾区的科技创新实力不断增强。

然而，硅谷这种创新文化也不是一蹴而就的，政府的政策、教育界的贡献以及金融行业提供的支持功不可没。当地政府营造了一个自由、方便的创业环境，不轻易干涉企业和大学的内部事务。并且旧金山湾区内高校资源非常丰富，其中包括斯坦福大学、加利福尼亚州大学各个分校。湾区内还有劳伦斯伯克利国家实验室以及劳伦斯利弗莫尔国家实验室等5个国家级实验室。丰富的教育科研基础设施和资源是其推动创新的重要资本。政府和高校的联合支持，为企业创新、投资者和投资机构营造了一个积极良好的创业和投资环境，形成了"大学—企业—风险投资—政府"的完善创新生态系统。其中，斯坦福大学还通过制订产业联盟计划促进科研人员、院系、学校和企业之间密切合作；同时，鼓励科研人员和学生在校外尝试创业，通过这些措施来推动科技成果转向商业化。当地的一大批科技金融创业公司、风投公司、银行等联合为各个科技创新企业提供了强有力的支持。

旧金山湾区的发展定位，包括硅谷的形成和发展，政府都很少干预，但湾区内建立了一些区域治理机制，包括旧金山湾区政府协会、大都市交通委员会、湾区空气质量管理区、湾区保护和开发委员会等，推动湾区在基础设施、生态保护等方面协同管理和发展。值得一提的是，湾区委员会除了帮助进行区域内协调，也会开展区域与外界的协调工作。①

---

① 卓泳：《对标世界三大著名湾区，粤港澳大湾区成全球新的经济增长极?》，载《证券时报》2018年3月29日。

3.2.2 纽约湾区依靠高科技企业与国际顶尖高校合作进行科技创新

纽约湾区，由纽约州、康涅狄格州、新泽西州等31个地区组成，面积约为3.35万平方公里。纽约湾区自19世纪中期开始发展，至2017年，以其发达的金融和制造业、便利的交通、高水平的教育和优良的环境吸引了超过2,032万人口；其中心城市纽约的780平方公里土地上便集聚了1,800万人口，GDP产出占全美的10%，对外贸易周转额占全美的1/5，制造业产值占全美的1/3。美国本土的500强企业有1/3以上总部设在纽约湾区。可以说，纽约湾区是世界金融的核心中枢。

2017年，纽约湾区内的GDP高达1.4万亿美元。纽约湾区的发展同样离不开科技创新，每一次技术革新都推动了产业结构的转型升级，所形成的新产业均为支柱产业。而且纽约当地政府也非常重视科技创新，虽然没有像硅谷那样的高科技产业聚集地，但是许多高科技企业也在此地聚集，如美国无线电公司、阿杰克公司以及波纳罗伊德公司等。纽约金融中枢的功能在推动湾区科技创新方面也起了很大作用，华尔街及其周边金融机构为地区内和周边高新技术企业的融资提供了很大的便利。

纽约当地的高校和科研资源也同样丰富。目前，纽约湾区拥有的世界一流大学数量在所有湾区中是最多的，著名的"常春藤联盟"中就有5所位于纽约湾区内，哈佛大学、麻省理工学院、哥伦比亚大学等一大批国际顶尖高校汇集于此，为湾区的科研创新源源不断输送人才。并且，纽约湾区内也拥有许多技术孵化器、技术中心以及实验室。与旧金山湾区一样，强大的科研设施和丰富的教育资源是纽约湾区坚实的科技创新后盾。此外，许多非政府组织的建立，如麻省技术领导委员会等，是对政府职能的一个强有力的补充，对促进科技创业产业的发展也起到了一定的积极作用。

与硅谷一样，创新文化在这里同样盛行。政府长期以来的对科

3　科技合作圈建设的国际经验

技创新以及创业的鼓励和补贴，已经使得纽约湾区的创新文化深入人心。美国两大湾区的创新文化氛围缔造了这两个世界级科创中心。

3.2.3　东京湾区依靠大学与企业和研究所合作加速科技成果产业化

东京湾区占地 13,562 平方公里，占日本总面积的 3.5%，聚集了日本 1/3 的人口，创造出了 2/3 的经济总量、3/4 的工业产值，是日本最大的工业城市群、国际金融中心、交通中心、商贸中心和消费中心。①

东京湾区地处日本的本州岛关东平原的南端，人口数量约为 4,400 万。此地囊括了日本的钢铁、石化、机械、汽车以及电子等主要工业部门，已经形成了以京滨、京叶工业区为核心的两个大型工业集群地区，汇聚着日本约 1/3 的经济总量，2017 年，该湾区 GDP 达 1.8 万亿美元，并且产生了全日本 40% 的工业产值。

以上提到的东京湾区内的两大工业集群区域是日本经济最发达的区域，这两个区域以传统制造业为基础发展起来，在之后很长一段时间内通过不断鼓励创新、加速科技创新技术产业化，最终达到今天的成绩。从表 6 中可看出，东京湾区企业总体实力处于领先地位。如今，在东京湾区内，一大批技术研发型企业如 NEC、佳能以及三菱等不断进行科技创新，利用东京湾区的经济以及地域优势加速成果产业化并推动贸易发展。同样，在东京湾区内，高校以及科研资源也十分丰富，东京大学、早稻田大学、横滨国立大学等日本 120 多所大学汇集于此，数量超过日本大学总量的 1/5，并且东京湾区内拥有丰田研究所以及筑波科学城这样的创新基地。与硅谷一样，当地政府同样积极推动产学研协作发展，倡导各大学与企业

---

① 赵大全：《人口分布、经济聚集与区域发展战略》，载《经济研究参考》2019 年第 17 期，第 53 – 61 页。

和研究所合作，加速科技成果产业化。同时，东京湾区内拥有大量配套机构以及设施，除了金融机构，还有商贸物流以及生活服务方面的设施，此外，还拥有规模庞大快捷的交通路、轨道路网络，也为东京湾区的科技创新实力快速发展提供了一定的便利和支持。

表6 各大湾区世界500强企业总部数量

湾区	粤港澳湾区	纽约湾区	旧金山湾区	东京湾区
世界500强企业/家	17	17	16	38
代表公司	华为、腾讯、招商局、大疆	IBM、花旗、AIG	苹果、谷歌、微软	索尼、三菱、富士通
代表产业	金融、电子、互联网	金融、港口、计算机	电子、互联网、生物	装备制造、钢铁、化工

数据来源：世界银行、彭博资讯，2017年数据。

东京湾区与世界其他一流湾区一样，都由数个城市组成，都建立了较为高效的沟通协调机制，从而实现了城市之间的分工配合，共建共享，使经济效益最大化。东京湾区包含了一都三县，包括若干个大城市和中小城市。这些城市相互之间有着多种形式的沟通机制，对城市发展中出现的问题都会采取会议协调协商的方式解决。与此同时，湾区主要依靠内部的规划，保持区域建设的长期性和协同性。

3.3 粤港澳大湾区科技合作圈的建设

3.3.1 粤港澳大湾区科技合作圈建设的历程

粤港澳大湾区是指由香港、澳门两个特别行政区和广东省的广州、深圳、珠海、佛山、中山、东莞、肇庆、江门、惠州九市组成的城市群，是中国建设世界级城市群和参与全球竞争的重要空间载体,是与美国纽约湾区、旧金山湾区和日本东京湾区比肩的世界四大湾区之一。2018年,粤港澳大湾区常住人口数量达到7,115.98万,区域内GDP已超过10.87万亿元,约占全国GDP总量的12.16%,GDP规模在世界国家及地区经济体排名中处于第11位,与韩国基本持平。

粤港澳大湾区科技创新合作的类型主要有企业自发的市场行为、政府搭建的合作机制平台和高校科研人员研发合作与智囊服务。自1978年中国实施改革开放的重大决策以来,粤港澳地区的科技创新合作先后走过了"前店后厂"的初级合作、《内地与香港关于建立更紧密经贸关系的安排》《内地与澳门关于建立更紧密经贸关系的安排》(CEPA)系列协议合作及跨行政区域紧密合作三个阶段。

1. 粤港澳"前店后厂"科技合作阶段

1978年中国实施改革开放,珠三角地区迎来了对外开放的新时期。香港、澳门的制造业凭借敏锐的市场嗅觉,迅速将低附加值和劳动密集型企业的生产环节北迁到珠三角,将销售、技术研发等生产服务环节仍然保留在港澳,该合作形式被学术界形象地称为"前店后厂"的合作模式。港澳制造业充分利用珠三角在土地、劳动力等生产要素成本低廉的优势,向内地进行单向性的生产技术服务输出,而珠三角企业则对相关产业的生产技术以吸收和消化为主,为向"世界制造业基地"的转型打下产业基础。到20世纪90年代中期,约80%的香港制造业企业在珠三角设厂,其中塑胶业(80%~90%)、电子业(85%)、钟表业和玩具业(90%)都迁到了珠三角地区。[①] 在这一阶段,粤港澳科技合作是以发挥各自生产要素比较优势为主,科技含量较低,是单向性特征明显的科技合作初级阶段。

---

① 许学强、李郇:《珠江三角洲城镇化研究三十年》,载《人文地理杂志》2009年第1期,第1-6页。

2. 粤港澳制度性科技合作发展阶段

20世纪90年代中后期,"前店后厂"模式的弊端不断显现,港澳因制造业北迁而出现产业空心化。产品附加值低、劳动力成本上升等因素,使得珠三角产业在国际市场上缺乏竞争力。1997年,亚洲金融危机严重冲击粤港澳地区的经济。为了使回归后的香港、澳门加强与内地,特别是与广东的合作,共同寻找转型升级的突破口,2003年6月29日和2003年10月17日,中央政府分别与香港、澳门特别行政区政府签署了《内地与香港关于建立更紧密经贸关系的安排》《内地与澳门关于建立更紧密经贸关系的安排》(CEPA)。CEPA是"一国两制"原则的成功实践,是内地与港澳制度性合作的新路径,是内地与港澳经贸交流与合作的重要里程碑,是中国国家主体与香港、澳门单独关税区之间签署的优惠贸易安排,也是内地第一个全面实施的自由贸易协议。CEPA的基本目标是:逐步取消货物贸易的关税和非关税壁垒,逐步实现服务贸易自由化,促进贸易投资便利化,提高内地与香港、澳门之间的经贸合作水平。[①] CEPA是开放性的,在启动CEPA机制后至2008年,内地与香港、澳门持续签订新的补充协议,开启了粤港澳制度性科技创新合作的新阶段。

在CEPA的框架下,广东省科学技术厅分别与香港特别行政区政府创新科技署、澳门特别行政区科技委员会签署了科技合作协议,在"粤港澳联席会议"下设立"粤港科技合作专责小组"和"粤澳科技合作专责小组",加强合作策划、组织协调和实施管理。[②] 该合作协议的签署标志着粤港澳三地的科技创新合作在政府层面搭建的合作平台已经落地。2006年5月29日,广东省科学技术厅会同香港特别行政区政府创新科技署在珠三角广州、深圳、佛

[①] 高国伟:《不可不知的1000个财经常识》,中国法制出版社2010年版。
[②] 周镇宏:《我为广东自主创新献一策:广东各民主党派、无党派人士建言献策文集》,南方日报出版社2008年版。

山及东莞共同主办了"粤港科技创新研发平台联合巡回推介活动——香港研发中心计划",其首个活动在广州揭幕,介绍了由香港特别行政区政府成立的6所研发中心的工作及服务。[①] 希冀利用香港的应用科研能力、知识产权保护、良好的营商环境及邻近珠江三角洲生产基地的优势,联合构建粤港的科技创新研发平台。

3. 粤港澳科技紧密合作建设阶段

2008年6月底,中共广东省委、广东省人民政府《关于争当实践科学发展观排头兵的决定》(以下简称《实践决定》)首次提出了"粤港澳紧密合作区"这一概念。《实践决定》中阐明,广东要"构建粤港澳紧密合作区,增创广东国际竞争新优势,提高广东的国际竞争力";要"贯彻'一国两制'方针,以互利共赢、平等协商为原则,注重发挥市场主体作用,全面推进粤港澳紧密合作;加大CEPA在广东先行先试的力度,深化粤港澳产业转型升级合作;发挥港澳在广东省产业优化升级中的桥梁作用,将港澳与广东的优势相结合,加快发展高端服务业,提高广东省的国际竞争力;推进粤港澳金融合作与创新,建立更紧密的区域金融协调与合作机制"。[②]

2008年12月18日,国家发改委发布的《珠江三角洲地区改革发展规划纲要(2008—2020年)》(以下简称《纲要》)中阐明了"粤港澳紧密合作区"的科技创新合作路径。《纲要》中阐明,珠三角的战略定位之一是要成为扩大开放的重要国际门户,坚持"一国两制"方针,推进与港澳紧密合作、融合发展,共同打造亚太地区最具活力和国际竞争力的城市群。全力支持在珠江三角洲地区的港澳加工贸易企业延伸产业链条,向现代服务业和先进制造业

---

① 广东省统计局、广东省科学技术厅:《广东科技统计年鉴(2007)》,广东科技出版社2010年版。

② 《中共广东省委、广东省人民政府〈关于争当实践科学发展观排头兵的决定〉》,见广东省广播电视局官网(http://gbdsj.gd.gov.cn/zxzx/ztbd/2008/jfsxxx/xgbd16/content/post_1761847.html)。

发展，实现转型升级；支持粤港澳合作发展服务业，巩固香港作为国际金融、贸易、航运、物流、高增值服务中心和澳门作为世界旅游休闲中心的地位；支持科技创新合作，建立港深、港穗、珠澳创新合作机制；规划建设广州南沙新区、深圳前后海地区、深港边界区、珠海横琴新区、珠澳跨境合作区等合作区域，作为加强与港澳服务业、高新技术产业等方面合作的载体。鼓励粤港澳三地优势互补，联手参与国际竞争。[①]

2009 年，粤港在"内地与香港科技合作委员会"全体会议上设立了"粤港先行先试工作小组"。粤港集中在环保、节能减排等产业，共同建立产业技术及先进应用技术创新平台，提升广东企业尤其是港资企业的创新力与竞争力；双方鼓励共建联合实验室，突出双方科技实力的水平与优势，共同申报国家重点实验室，争取得到科技部更多的支持，共同推动更加有效、更有实质性的粤港科技合作。

2009 年 8 月 19 日，广东省委、省政府发布的《关于推进与港澳更紧密合作的决定》（以下简称《推进决定》）中细分了科技创新合作的路径。《推进决定》阐明了推进在粤的港澳资企业转型升级的路径，主要有：帮助港澳资企业增强应对国际金融危机的能力；引导港澳资加工贸易企业转型升级，向省内产业转移园区有序转移和集聚；加快发展先进制造业和高新技术产业，加快建设广州南沙新区、东莞松山湖科技产业园等先进制造业和高新技术产业载体。《推进决定》阐明了加强粤港澳科技创新合作的路径，主要有：构建开放融合、布局合理、支撑有力的区域创新体系，形成以"广州—深圳—香港"为主轴的区域创新布局；以建设粤港澳科技产业园、深港创新圈和穗港、珠澳、莞港创新合作基地为重点，推

---

① 《珠江三角洲地区改革发展规划纲要（2008—2020 年）》，见中华人民共和国国务院新闻办公室官网（http://www.scio.gov.cn/xwfbh/xwbfbh/wqfbh/2014/20140610/xgzc31037/Document/1372733/1372733.htm）。

3 科技合作圈建设的国际经验

动建立粤港澳联合创新区。①

为落实《纲要》、CEPA 及其补充协议和《横琴总体发展规划》，广东省人民政府于 2010 年 4 月 7 日和 2011 年 3 月 6 日分别与香港、澳门特别行政区政府签署了《粤港合作框架协议》和《粤澳合作框架协议》。这是推进粤港澳地区经济合作发展的一次重大举措，为进一步推进粤港澳科技创新合作指明了更具体的路径。这两个协议阐明科技创新合作的主要路径有：联合推动科技创新，突破共性技术，着眼战略性新兴产业发展，实施关键领域的重点项目联合资助行动，培育新的经济增长点；支持香港的汽车零部件、资讯及通信等研发中心与广东科研机构和适用企业对接合作，支持香港应用科技研究院及科学园与广东科研机构和高新园区合作，支持广东大型企业在港设立科研中心；推动香港科研资源与广东高新园区、专业镇、平台基地等建立协作机制，合作在广东设立孵化基地，实现香港研发成果在广东产业化；推动粤港科技合作项目经费跨境流动，降低科技服务项目交易成本；规划建设"深港创新圈"，联合承接国际先进制造业、高新技术企业研发转移，推进珠江三角洲地区区域科技合作和国际合作，建成以"香港—深圳—广州"为主轴的区域创新格局；在粤澳合作产业园区重点发展科技研发和高新技术，启动粤澳合作中医药科技产业园，打造集中医医疗、科技转化、健康精品研发、会展物流于一体的国际中医药产业基地；加强澳门与广州南沙产业发展规划协调，建设服务内地、连接澳门的科技创新中心。②

粤港澳科技创新紧密合作取得良好的成效。2017 年，粤港澳大湾区经济总量已达到 10 万亿元，粤港澳大湾区 R&D 人员有 68

---

① 《省委省政府关于推进与港澳更紧密合作的决定（摘要）》，见广东省人民政府网（http://www.gd.gov.cn/gdgk/gdyw/200908/t20090820_100783.htm）。
② 黄崴：《建立粤港澳大学联盟——打造世界高水平科研和人才培养高地》，载《高教探索》2016 年第 10 期，第 18-21、31 页。

万人,从事研发的科学家和工程师达 45 万人,共拥有国家重点实验室 40 家。2012—2016 年,大湾区发明专利申请量实现了翻一番的快速增长。

3.3.2 粤港澳大湾区科技合作圈建设的举措

2017 年 7 月 1 日,习近平总书记出席《深化粤港澳合作 推进大湾区建设框架协议》(以下简称《协议》)签署仪式,见证了国家发展和改革委员会、广东省人民政府、香港特别行政区政府和澳门特别行政区政府签订该协议。《协议》为粤港澳大湾区科技创新合作阐明新的目标和实施路径,即通过支持重大合作平台建设和构建协同发展现代产业体系来打造国际科技创新中心。推进深圳前海、广州南沙、珠海横琴等重大粤港澳合作平台开发建设,推进港澳青年创业就业基地建设,发挥合作平台示范作用,拓展港澳中小微企业发展空间;充分发挥大湾区不同城市产业优势,推进产业协同发展,加快向全球价值链高端迈进,构建高端引领、协同发展、特色突出、绿色低碳的开放型、创新型产业体系;统筹利用全球科技创新资源,完善创新合作体制机制,优化跨区域合作创新发展模式,构建国际化、开放型区域创新体系,不断提高科研成果转化水平和效率,加快形成以创新为主要引领和支撑的经济体系和发展模式。①

在大湾区科技创新合作机制方面,通过三地合作联席会议、CEPA 及系列补充协议、共建自由贸易试验区以及 2019 年 2 月 18 日国务院出台的《粤港澳大湾区发展规划纲要》,粤港澳不断升级在科技创新方面的合作机制与合作模式。粤港澳不断出台科技创新合作方面的计划和协议,来丰富和落实合作机制与模式。2018 年 3 月 29 日,广东省科学技术厅与澳门科学技术发展基金签署《粤澳

---

① 《深化粤港澳合作 推进大湾区建设框架协议(全文)》,见光明网(https://politics.gmw.cn/2019-02/26/content_32569449.htm)。

科创交流合作协议》，双方未来五年内将在生物医药（中医药）、电子信息、节能环保、智慧城市、海洋等领域开展科技创新交流与合作。广东与澳门将共同推动创建国际科技创新中心；合力组织实施粤港澳大湾区科技联合资助计划；着力推动在两地合作建设高水平科技创新平台，促进科技成果转移转化；深入推进广东高新区、专业镇、可持续发展创新示范区等园区与澳门高校、科研机构、产业园区开展合作；同时，拓展两地在科学研究、高层次专业技术人才等方面的交流与合作。① 2018年4月12日，广东省科学技术厅与香港创新及科技局同意《粤港澳大湾区科技创新行动计划》的编制内容，共同向科技部争取尽早联合发布率先实施。在医疗科技、人工智能等优先领域协同联动，共同建设粤港澳实验室等创新平台，推动香港深圳联合建设河套地区，充分利用香港国际化的便利吸引高端人才，选取优先领域实施联合资助研究等方面，双方都达成了一致意见。②

在跨区域科技创新合作平台搭建方面，粤港澳三地积极参与深圳前海、广州南沙、珠海横琴等重大粤港澳合作平台开发建设。一方面，搭建了面向粤港澳三地的创新创业服务平台，如在广东建立了广州粤港澳（国际）青年创新工场、澳门青年横琴创业谷、前海深港青年梦工场、红鸟创业苗圃、粤港澳（国际）大学生实习基地等创新创业平台20多个；另一方面，引进港澳机构建立成果转化基地，如香港大学、香港中文大学、香港科技大学、香港理工大学均在深圳和广州南沙设立了科技成果转化基地，依托澳门大学国家中医药重点实验室、澳门科技大学国家中医药重点实验室建设

---

① 《广东与澳门签署科创交流合作协议》，见中国日报网（https://baijiahao.baidu.com/s?id=1596720083705799540&wfr=spider&for=pc）。
② 吴春燕、王忠耀：《粤港澳大湾区：扬帆正远航》，载《光明日报》2018年10月10日。

了粤澳中医药科技产业园。① 此外，粤港澳共同建设广东实验室，打造高层次基础与应用基础研究平台。2017年12月22日，广东正式启动建设首批4家广东实验室，它们分别是广州再生医学与健康广东实验室、深圳网络空间科学与技术广东实验室、东莞材料科学与技术广东实验室和佛山先进制造科学与技术广东实验室。②

2018年12月12日及14日，内地分别与澳门、香港签署了《CEPA货物贸易协议》，与之前签署的《CEPA服务贸易协议》《CEPA投资协议》及《CEPA经济技术合作协议》一起，将CEPA构建成了具备"一国两制"特色，符合世界世界贸易组织（WTO）的规则，涵盖内地与港澳的经贸交流各领域的高水平的自由贸易协议。《CEPA货物贸易协议》于2019年1月1日起正式实施。这标志着国家"十三五"规划中的CEPA升级目标提前完成，为粤港澳开启了制度性科技创新合作的新阶段。③④

截至2019年2月，广东省7家在建的省实验室共有23位香港科学家、2位澳门科学家和8家香港科研机构参与建设。这些高水平科学家和团队带来了国际水平的研究理论、方法和管理经验，以及广泛的国际科技合作渠道和网络，对省实验室的建设起到了重要的推动作用。⑤

在财政、科研资金支持方面，积极推进财政科研资金过境港澳使用。2018年2月，科技部、财政部研究制定了《关于鼓励香港特别行政区、澳门特别行政区高等院校和科研机构参与中央财政科

---

① 王聪、粤科宣：《打造粤港澳优势互补战略性新兴产业》，载《南方日报》2019年2月27日。
② 蒋臻：《广东民企创新环境如何改善？》，载《南方都市报》2018年8月8日。
③ 《澳门与内地签署〈CEPA货物贸易协议〉》，载《人民日报》（海外版）2018年12月13日。
④ 《CEPA为香港拓宽发展空间》，载《中国国门时报》2019年1月7日。
⑤ 王聪、粤科宣：《打造粤港澳优势互补战略性新兴产业》，载《南方日报》2019年2月27日。

技计划（专项、基金等）组织实施的若干规定（试行）》，规定港澳特区的高等院校和科研机构可单独或联合内地单位，通过竞争择优的方式承担中央财政科技计划项目，并获得项目经费资助。[①] 2018年12月，广东省政府出台1号文《关于进一步促进科技创新的若干政策措施》，提出支持港澳高校、科研机构牵头或独立申报广东科技计划项目，建立广东财政科研资金跨境港澳使用机制，并允许项目资金直接拨付至港澳两地牵头或参与单位。新政推动湾区内科研经费便利使用，促进湾区科技创新资源高效协同。[②]

在科技研发、成果转化合作方面，粤港澳高校和科研机构积极参与承担国家、广东重大科研项目。截至2018年，粤港澳大湾区的高校数量为173家，其中，拥有5所世界百强大学；香港中文大学等6所香港大学在深圳设立了72个科研机构。近年来，香港高校在粤机构积极承担、参与了国家"863""973"计划、国家自然科学基金重大研究计划以及广东重大产业技术攻关等项目，并深入联系企业开展关键技术攻关，累计承担项目约808项，获得支持资金约5.8亿元，申请专利530件，发表高水平论文3,000多篇。广东于2018年下半年启动的重点领域研发计划面向全国包括港澳地区开放申报，吸引了大批港澳优秀科研团队积极参与，参与项目占比达9.58%。港澳高校和研发机构在自身获得发展的同时，也释放出巨大创新效能，有效地推动了广东战略性新兴产业的发展。粤港澳大湾区拥有20家世界500强企业和约4.3万家国家级高新技术企业，广东孵化器总数达901家，众创空间总数804家，国家级孵化器培育单位139家。香港、澳门的大学、科研机构也在广东兴建了一批产学研合作和成果转化基地。粤港澳大湾区的特色科技产

---

① 《鼓励港澳高校科研机构参与中央财政科技计划组织实施》，载《羊城晚报》2018年5月15日。

② 《广东省人民政府印发〈关于进一步促进科技创新若干政策措施〉的通知》，见广东省人民政府网（http：//www.gd.gov.cn/zwgk/wjk/qbwj/yf/content/post_1054700.html）。

业突出，已经形成了新一代移动通信、平板显示等7个产值超千亿元的战略性新兴产业集群。①

2019年年初，广东启动粤港澳大湾区科技创新行动计划，从保障人才流动顺畅、创新创业普惠性支持和促进科技金融深度融合等方面推进粤港澳大湾区国际科技创新中心建设。①在保障人才流动顺畅方面：试行高校、科研机构和企业科技人员按需办理往来港澳有效期3年的多次商务签注，企业商务签注备案不受纳税额限制；允许持优粤卡A卡的港澳和外籍高层次人才申办1副港澳入出内地商务车辆牌证。②在创新创业普惠性支持方面：支持各市至少建设1家港澳青年创新创业基地，基地可直接认定为省级科技企业孵化器并享受相关优惠政策；减轻在粤工作的港澳人才和外籍高层次人才内地工资薪金所得税税负；在全面执行国家研发费用税前加计扣除75%政策基础上，鼓励有条件的地级以上市对评价入库的科技型中小企业增加按25%研发费用税前加计扣除标准给予奖补；鼓励有条件的地级以上市对设立时间不超过5年、经评价入库的科技型中小企业按其形成的财政贡献给予一定奖励。③在促进科技金融深度融合方面：提出建立企业创新融资需求与金融机构、创投机构信息对接机制；鼓励银行开展科技信贷特色服务，创新外部投贷联动服务模式，加大对科技型中小企业的信贷支持力度，省财政按其实际投放金额予以一定奖补；省财政与有条件的地级以上市联动设立当地科技风险准备金池，对金融机构开展科技型中小企业贷款和知识产权质押投融资业务发生的损失给予一定比例的风险补偿，促进解决民营科技型中小企业融资难、融资贵问题；鼓励有条件的地级以上市对新注册登记的私募股权和创业投资管理企业从其形成财政贡献之日起，给予最多5年适当奖补。②

---

① 王聪、粤科宣：《打造粤港澳优势互补战略性新兴产业》，载《南方日报》2019年2月27日。

② 《广东省2019年"一号文"：将启动实施粤港澳大湾区科技创新行动计划》，载《中国日报网》2019年1月8日。

3.3.3 粤港澳大湾区科技合作圈建设取得的成效

改革开放40多年来，粤港澳科技合作圈建设取得了可喜的成效。近年来，广东不断深化与港澳科技创新合作机制，在区域协同创新上取得一系列进展。港澳高校和研发机构在自身获得发展的同时也释放出巨大创新效能，有效地推动了广东战略性新兴产业的发展。目前，粤港澳大湾区内创新实力雄厚，科技创新要素集聚、科技创新产出不断涌现、特色科技产业基本形成。

1. 构建了三地科技创新联合研发机制

自2014年实施"粤港科技创新联合资助计划"以来，粤港联合资助计划共支持项目151个，支持总金额达到1.63亿元人民币（广东资助），有效地促进了重点领域关键技术的突破。2017年11月18日，广东与香港特别行政区创新及科技局共同签署了《粤港科技创新交流合作安排》，把"粤港高技术合作专责小组"升级为"粤港科技创新合作专责小组"。2018年3月，广东省科学技术厅与澳门科学技术发展基金科技创新交流合作安排在广州签署，成立"粤澳科技合作专责小组"，并明确未来五年将在生物医药（中医药）、电子信息、节能环保、智慧城市、海洋等领域开展科技创新交流与合作。目前，粤澳正在着手启动科技研发合作联合资助计划。①

此外，广东省科学技术厅联合广东省财政厅出台了《关于香港特别行政区、澳门特别行政区高等院校和科研机构参与广东财政科技计划（专项、基金等）组织实施的若干规定（试行）》，围绕资金流，率先从省级财政科研资金跨境流通层面突破，推动湾区内科研经费便利使用，鼓励港澳高等院校和科研机构承担广东省级科技计划项目，促进湾区科技创新资源高效协同。合作领域为新一代

---

① 赵超：《粤港澳大湾区创新协同机制构建探讨》，载《岭南学刊》2020年第2期，第99-104页。

信息技术、高端装备制造、绿色低碳、生物医药、数字经济、新材料、海洋经济、现代种业和精准农业、现代工程技术9个重点领域。广东积极搭建面向粤港澳三地的创新创业服务平台，建设一批高水平科技企业孵化器和众创空间，吸引粤港澳大湾区内"商二代"和大学生创新创业。目前，广东省建有广州粤港澳（国际）青年创新工场、澳门青年横琴创业谷、前海深港青年梦工场、红鸟创业苗圃、粤港澳（国际）大学生实习基地等创新创业平台20多个。①

2. 建立了一批跨区域的重点实验室

一方面，广东携手港澳建设一批省重点实验室。广东实验室建设引入了多个港澳科学家和团队，有力提升了省实验室的原始创新能力和国际影响力。2017年，从粤港澳三地的科研力量看：广州有26家国家重点实验室、201家省重点实验室、64家企业重点实验室，正在建设4家国家重点实验室；香港有16家国家重点实验室和6个国家工程技术研究中心香港分中心；澳门有1个国家重点实验室和1个国际实验室。② 截至《纲要》颁布的2019年2月，广东7家在建省实验室共有23位香港科学家、2位澳门科学家和8家香港科研机构参与建设。这些高水平科学家和团队带来了国际水平的研究理论、方法和管理经验，以及广泛的国际科技合作渠道和网络，对省实验室建设起到了重要的推动作用。另一方面，推动香港高校在粤机构积极承担和参与国家重大科研项目。近年来，香港高校在粤机构积极承担、参与了国家"863""973"计划、国家自然科学基金重大研究计划，以及广东重大产业技术攻关等项目，并深入联系企业开展关键技术攻关；累计承担项目约808项，获得支持资

---

① 王聪、粤科宣：《打造粤港澳优势互补战略性新兴产业》，载《南方日报》2019年2月27日。

② 陈若萌：《粤港澳大湾区企业家联盟运作常态化　聚合优质企业力量助力湾区建设》，载《21世纪经济报道》2018年1月19日。

金约5.8亿元，申请专利530件，发表高水平的论文3,000多篇。①

在推动成果转化方面，香港科技大学霍英东研究院在物联网、先进制造与自动化、先进材料及绿色建筑与环境等专业领域转移转化了一批科技成果，孵化培育了一批高新技术企业。香港大学、香港中文大学、香港科技大学、香港理工大学均在深圳和广州南沙设立了科技成果转化基地。香港科技大学在深圳创办企业23家，包括幻音科技（深圳）有限公司、固高科技（深圳）有限公司、大疆创新科技有限公司、万音达科技有限公司等。其中，幻音科技（深圳）有限公司已在香港主板成功上市，大疆创新科技有限公司2016年产值突破100亿元。香港中文大学等6所院校在深圳设立了72个科研机构。依托澳门大学国家中医药重点实验室、澳门科技大学国家中医药重点实验室，建设了粤澳中医药科技产业园。

3. 夯实了科技创新的基础及条件

粤港澳大湾区目前拥有一批世界一流的创新型企业，包括华为、腾讯、中兴通讯、比亚迪、华大基因、大疆等，这些企业的PCT国际专利申请量约占全国总量的50%。2017年，粤港澳大湾区内国际专利申请量为17.6万件，占PCT国际专利申请量的5.79%，占中国总量的56%，按国家和地区排名，位列全球第六。粤港澳大湾区的研发经费支出占湾区内GDP比重的2.7%，与美国、德国处于同一水平线。粤港澳大湾区内的国家级高新技术企业总数超过2万家，居国内第一位；国家级孵化器83家，科技企业孵化器634家，也位居国内第一。此外，香港更是有4所大学进入全球百强，广东省内的中山大学、华南理工大学是世界知名大学。在世界知识产权组织发布的《2017年全球创新指数报告》中，深圳—香港地区超越硅谷所在的旧金山湾区，在全球创新集群中排名第二，仅次于东京湾区。粤港澳大湾区目前已成为中国国内科技创

---

① 王聪、粤科宣：《打造粤港澳优势互补战略性新兴产业》，载《南方日报》2019年2月27日。

新高地，是中国的"硅谷"，为打造粤港澳科技合作圈建设、推动粤港澳大湾区迈向世界级科技创新中心奠定了坚实的基础。①

3.3.4 粤港澳大湾区科技合作圈建设的新机遇

经过改革开放40多年来的合作发展，粤港澳大湾区区位优势明显，创新要素集聚，国际化创新水平领先，三地的合作基础良好，与世界的其他湾区相比，具有明显竞争优势。2017年，"粤港澳大湾区"的概念首次写入国家的政府工作报告，粤港澳三地政府签订《深化粤港澳合作 推进大湾区建设框架协议》；2019年，国家发布《粤港澳大湾区发展规划纲要》及《关于支持深圳建设中国特色社会主义先行示范区的意见》。随着国家一系列改革开放重大举措的实施，以及大湾区科技市场的逐步开放，再加上全球出现了科技产业加速集聚的趋势等，粤港澳三地科技合作圈建设的前景将令人期待，大湾区科技合作圈的建设将大有可为。

第一，大湾区要建成具有全球影响力的国际科技创新中心。2019年2月18日，国务院印发《粤港澳大湾区发展规划纲要》明确提出要建设具有全球影响力的国际科技创新中心，充分发挥四大核心城市——香港、澳门、广州、深圳的比较优势，实行区域内差异化定位发展。② 香港继续巩固和提升国际金融、航运、贸易中心和国际航空枢纽地位，建设亚太区国际法律及争议解决服务中心，打造更具竞争力的国际大都会；澳门建设世界旅游休闲中心、中国与葡语国家商贸合作服务平台；广州充分发挥国家中心城市和综合性门户城市引领作用，着力建设国际大都市；深圳努力成为具有世界影响力的创新创意之都。推进"广州—深圳—香港—澳门"科技创新走廊建设，探索有利于人才、资本、信息、技术等创新要素

---

① 林吉双、孙波、陈和：《粤港澳大湾区服务经济合作与发展》，社会科学文献出版社2019年版。

② 《中共中央 国务院印发〈粤港澳大湾区发展规划纲要〉》，见中国政府网（http：//www.gov.cn/gongbao/content/2019/content_5370836.htm）。

3 科技合作圈建设的国际经验

跨境流动和区域融通的政策举措,共建粤港澳大湾区大数据中心和国际化创新平台。

打造高水平科技创新载体和平台。加快推进大湾区重大科技基础设施、交叉研究平台和前沿学科建设,着力提升基础研究水平。向港澳有序开放国家在广东建设布局的重大科研基础设施和大型科研仪器。支持粤港澳有关机构积极参与国家科技计划(专项、基金等)。优化创新资源配置,建设培育一批产业技术创新平台、制造业创新中心和企业技术中心。支持港深创新及科技园、中新广州知识城、南沙庆盛科技创新产业基地、横琴粤澳合作中医药科技产业园等重大创新载体建设。

优化区域创新环境。研究实施促进粤港澳大湾区出入境、工作、居住、物流等更加便利化的政策措施,鼓励科技和学术人才交往交流。允许香港、澳门符合条件的高校、科研机构申请内地科技项目,并按规定在内地及港澳使用相关资金。促进科技成果转化。创新机制、完善环境,将粤港澳大湾区建设成为具有国际竞争力的科技成果转化基地。支持粤港澳在创业孵化、科技金融、成果转化、国际技术转让、科技服务业等领域开展深度合作,共建国家级科技成果孵化基地和粤港澳青年创业就业基地等成果转化平台。①

第二,深圳要建成具有全球影响力的创新创意之都。2019年8月19日,中共中央、国务院发布《关于支持深圳建设中国特色社会主义先行示范区的意见》(以下简称《意见》)。《意见》指出,深圳的首要战略定位是高质量发展高地,深化供给侧结构性改革,实施创新驱动发展战略,建设现代化经济体系,在构建高质量发展的体制机制上走在全国前列。②

---

① 《中共中央 国务院印发〈粤港澳大湾区发展规划纲要〉》,见中国政府网(http://www.gov.cn/gongbao/content/2019/content_5370836.htm)。
② 《中共中央 国务院关于支持深圳建设中国特色社会主义先行示范区的意见》,见中国政府网(http://www.gov.cn/zhengce/2019 - 08/18/content_5422183.htm)。

《意见》指出，深圳实现高质量发展高地的战略定位主要路径有：①加快实施创新驱动发展战略。包括支持深圳强化产学研深度融合的创新优势，以深圳为主阵地建设综合性国家科学中心，在粤港澳大湾区国际科技创新中心建设中发挥关键作用；支持深圳建设5G、人工智能、网络空间科学与技术、生命信息与生物医药实验室等重大创新载体，探索建设国际科技信息中心和全新机制的医学科学院；支持深圳具备条件的各类单位、机构和企业在境外设立科研机构，推动建立全球创新领先城市科技合作组织和平台；支持深圳实行更加开放便利的境外人才引进和出入境管理制度，允许取得永久居留资格的国际人才在深圳创办科技型企业、担任科研机构法人代表。②加快构建现代产业体系。包括大力发展战略性新兴产业，在未来通信高端器件、高性能医疗器械等领域创建制造业创新中心；积极发展智能经济、健康产业等新产业新业态，打造数字经济创新发展试验区；支持在深圳开展数字货币研究与移动支付等创新应用。③助推粤港澳大湾区建设。包括进一步深化前海深港现代服务业合作区改革开放，以制度创新为核心，不断提升对港澳的开放水平。[①]

《意见》指出，深圳建设中国特色社会主义先行示范区的发展目标是：到2025年，深圳经济实力、发展质量跻身全球城市前列，研发投入强度、产业创新能力世界一流，文化软实力大幅提升，公共服务水平和生态环境质量达到国际先进水平，建成现代化国际化创新型城市。到2035年，深圳高质量发展成为全国典范，城市综合经济竞争力世界领先，建成具有全球影响力的创新创业创意之都，成为我国建设社会主义现代化强国的城市范例。到21世纪中叶，深圳以更加昂扬的姿态屹立于世界先进城市之林，成为竞争

---

① 《中共中央 国务院关于支持深圳建设中国特色社会主义先行示范区的意见》，见中国政府网（http://www.gov.cn/zhengce/2019-08/18/content_5422183.htm）。

力、创新力、影响力卓著的全球标杆城市。①

第三,全球科技产业及创新要素加速集聚。近年来,不管是在世界主要发达国家,还是我国国内,都出现了科技产业加速集聚的趋势,"马太效应"非常明显。美国硅谷地区在金融、贸易等方面与纽约地区相差甚远,但是凭借着科技中心这一优势,对具有百年先发优势的纽约地区形成了巨大的挑战。广东省在科技成果转化等方面已走在国内省区市的前列,深圳成为能与北京、上海比肩的全国科技中心以及电子信息(尤其是偏硬件领域)的科技创新高地,涌现出华为、腾讯、大疆等一大批高科技公司。一大批华侨华人往来于粤港澳与旧金山两大湾区之间,将硅谷的科创项目、资本、管理经验等引入广东,同时,将广东的优质资源对接到硅谷。②

在国家实施创新驱动发展战略过程中,粤港澳湾区最重要的一个定位就是要全力以赴抢占科技制高点,推动创新资源集聚,强化转化能力优势,把更多科技成果转化为先进生产力,把创新落实到发展上。③

3.4 国际科技合作圈建设的经验及启示

3.4.1 主要国际科技合作圈创新合作的实践经验

1. 差别化的国别政策实现价值创造

发达国家在国际科技合作过程中往往采取差异化科技合作模式,根据合作对象国的经济发展水平、研究和创新实力,采取不同

---

① 《中共中央 国务院关于支持深圳建设中国特色社会主义先行示范区的意见》,见中国政府网(http://www.gov.cn/zhengce/2019-08/18/content_5422183.htm)。
② 温利、蔡冬庆:《湾区"候鸟"筑梦粤港澳》,载《今日广东侨报》2018年4月4日。
③ 《三个支撑新起点创新局面》,载《广州日报》2017年5月23日。

的策略以实现不同的合作价值。① 美国在20世纪的里根政府时期便针对工业化盟国、发展中国家、华约成员国科技合作采取不同国别政策，有策略、有针对性地与世界其他国家确定科技合作项目和合作领域。1995年，欧盟在《研究与技术开发国际合作展望》中提出要依据科技合作国参与科技研发和合作的不同方式采取差分政策。2014年，欧盟专门出台了针对合作国家的国际合作路线图，针对加拿大、韩国、美国和日本4个工业化国家，巴西、俄罗斯、印度、中国和南非5个新兴经济体，以及地中海地区国家和东南欧邻国的科研创新实力和水平，设定未来研发和创新合作活动的优先领域。在与中国进行科技合作时，食品、农业、生物技术、航空、环境、信息技术与科学、能源和核能等被列为优先合作领域。② 日本采取多边科技合作模式，针对不同国家、不同领域采取区分政策，包括竞争性、互补性、援助性等合作政策。③ 日本一直注重与美国、欧盟、加拿大等发达国家的多边科技合作，主要基于竞争性合作，通过前沿科学、产业发展领域与合作对象开展合作，协调竞争与合作的关系，谋求双方的共赢。2006年，日本在《推进科技活动的国际化战略》中进一步指出，"不仅要一如既往地加强和欧美的科技合作，同时要加强与在经贸中有紧密联系的、正在高速发展的亚洲各国的科技合作"。此后，日本面向亚洲地区设立亚洲科技门户计划，与中国、韩国共同设立了构建亚洲科技共同体战略计划等，通过对亚洲发展中国家的援助性合作，推进亚洲科技共同体的构建，进一步拓展日本的科技研究领域。④ 由此可见，发达国家

---

① 芮艳兰、丁仁展、余晓莉：《发达国家国际科技合作先进经验及启示》，载《云南科技管理》2019年第6期，第1－3页。
② 刘云：《主要发达国家和区域性组织国际科技合作的政策分析》，载《科学管理研究》1999年第5期，第5－9页。
③ 陈强、高凌云、常旭华、余文璨：《主要发达国家与地区国际科技合作的做法及启示》，载《科学管理研究》2013年第6期，第106－109页。
④ 敖青：《日本国际科技合作的政策与组织模式探讨——以日本学术振兴会为例》，载《科技创新发展战略研究》2018年第3期，第50－57页。

3 科技合作圈建设的国际经验

在进行双边、多边科技合作时,针对不同对象国采取不同合作策略,以提升其国际科技合作的影响力。

2. 产学研融合发展促进技术创新

从纽约湾区、旧金山湾区和东京湾区发展模式看,湾区内的大学、研究机构和企业间建立了创新驱动循环,人才、技术、资金等要素在高校和企业间的灵活流动,实现了科学技术从供给到应用的有效对接,为技术创新提供新动能。旧金山湾区斯坦福工业园首创了产学研一体化新模式,斯坦福大学等高校通过"产业联盟计划"等鼓励教师和学生利用自己的研究成果创办企业,鼓励科研人员从实验室走进工业园,对接市场,了解市场需求,这极大地促进了学术界与产业界之间的人才流动,加速了科研成果商业化。纽约湾区以高校为主建立了产学研合作模式,麻省理工学院是最早推行高校与企业、政府合作的研究型大学,支持师生利用财政、企业、高校资助项目的科技成果进行技术转让、技术许可或技术创业,这一模式的推行极大促进了湾区科技创新的发展,如128号公路高技术产业区内,70%以上的科技企业由麻省理工学院师生参与创办。[①] 东京湾区汇集了东京大学、早稻田大学、横滨国立大学等120所大学,拥有丰田研究所和筑波科学城等创新基地。与硅谷一样,政府积极倡导各大学、企业以及研究所合作以推进产学研协同发展。如筑波科学城创建了孵化器、科研机构和技术交易平台,以及针对特定行业或领域提供服务的专业科技服务机构,有力支撑湾区内甚至全日本的高校和科研机构进行科技成果转化,极大地加速了科技成果产业化。

3. 科技金融体系加速新兴技术发展

科技与金融的深度捆绑已经成为全球创新引擎的关键因素。一方面,初创企业能够吸引大量风险投资基金落户湾区;另一方面,

---

① 余碧仪、黄何、王静雯:《国际三大湾区科技人才发展经验对粤港澳大湾区的启示》,载《科技创新发展战略研究》2019年第3期,第45–50页。

强大而卓有效率的科技金融体系为湾区内高新技术企业的发展和壮大提供了坚实的保障。① 在世界三大湾区中，旧金山湾区立足"金融＋科技"，纽约湾区是"金融＋高端服务业"，东京湾区是"金融＋高端制造业"，大数据、人工智能、云计算、区块链等前沿技术在金融领域应用的新路径，促进金融与科技的深度融合，成为新一轮全球转型升级趋势。旧金山湾区作为全球风险投资最密集、最发达的地区，其风险投资为早期科技公司起步提供了充足的资金支持：1995—2018年，湾区年度风险投资额从16.91亿美元飙升到603.75亿美元；2018年，湾区所获得的603.75亿美元风投资金，占同期全美风投市场的52.6%；② 从资金投向看，湾区风险投资主要集中于高科技行业，计算机软件硬件、生物医药和通信及信息产业占比高达90%以上。此外，旧金山湾区建立了大量金融资本服务、管理信息咨询服务、财务法律服务等多种类型科技中介机构，这为湾区企业科技创新提供了重要支撑。纽约湾区聚集近3,000家金融机构总部，随着21世纪经济转型发展，纽约湾区逐渐成为高科技企业聚集之地：2009—2013年，7,000多家高科技公司从曼哈顿下城扩散到布鲁克林区中城、皇后区的长岛市；纽约市高科技产业的就业增长率达到33%，远高于同时期纽约市平均就业增长水平8%。根据Savills PLC发布的数据，2018年，纽约在全球30个高科技城市排行榜中，首次超过旧金山硅谷成为世界的第一大科技中心。国际金融中心和高新技术产业的融合发展，直接推动了纽约湾区和旧金山湾区两大国际科技金融中心的形成，促进了科技和金融协同发展的良性循环。

4. 开放包容的环境吸引人才集聚

欧美发达国家注重高层次科技人才的引进和交流，为吸引科研

---

① 工业和信息化部赛迪研究院、王曼念、沛豪、陈笑天：《借鉴旧金山湾区经验，推动粤港澳大湾区科技创新》，见搜狐网（https：//www.sohu.com/a/366773358_120124139）。

② 数据来源：PwC/CB Insights MoneyTree TM Report。

技术人才的入驻，各国致力于打造开放的氛围和包容的创业环境，这也是其持续吸引创新人才的原因。欧盟从2011年就开始实施"蓝卡工程"，吸引非欧盟国际杰出人才，并将"人力资源计划"列作单项，通过人才流动加强国际合作。美国早在1930年就实行知识移民优先政策，通过放宽人才移民限制有效地吸引国外科技人才，这为旧金山湾区推出的"入驻企业家计划"、纽约湾区依托高校和研究机构实施的"加强合作研究伙伴关系计划""全球科技创新行动计划"等国际科技合作计划奠定了基础，极大地推动了湾区内人才入驻和国际科技合作的开展。除了宽松的移民政策，日本2012年推出了"30万留学生政策"，通过开放的留学环境吸引科技人才。此外，日本建立海外引进机制和"就地取才"机制相结合的方式，通过资金资助、收购和入资国外实验室或企业、设立海外研发机构或奖学金等方式柔性吸引海外科技人才入驻，以此增加科技后备人员的储备量，这为东京湾区的科技创新发展带来巨大的竞争优势。

3.4.2 对粤港澳大湾区科技合作的启示

1. 营造开放包容的文化是促进合作创新的基础

从上述介绍的世界三大湾区及欧盟科技创新合作发展的情况，尤其是硅谷的科技创新合作发展的历程，可以看出它们都有一个共性，就是高度开放包容的社会环境。三大湾区及欧盟都是国际化水平非常高的大都市区，是来自全世界各地的人才的汇集区，对外来人口的包容、对创业的鼓励、对失败者的不排斥是一个地区建立开放包容的创新文化的重要手段。而离我们最近的东京湾区，因与粤港澳大湾区同属东方文化区域，其提供的经验可能更有参考价值。比如，与美国的两大湾区相比，东京湾区更注重政府的力量引导。鉴于此，粤港澳大湾区要积极发挥政府的主导作用，注重国际科技合作的顶层设计，创新人才引进模式，制定人才激励机制，放宽对国外优秀科技人才入境及移民限制，打破"人才占用"的传统观念。此外，要改善科研硬件条件及软环境，打破地区间、国家间区域壁垒，在鼓励国内科研人员走出去向发达国家学习的同时，有效吸收海外高层次人才，快速实现区域功能的布局以及产业升级转型，共建创新合作发展文化氛围。

2. 建设高水平院校是推动合作创新的动力源泉

世界级大湾区及欧盟科技合作发展都有一个明显的共性，即聚集了大量高水平院校。高等院校是培养创新型人才的重要基地，高等院校的集群建设会产生一个集群效应，即类似于产业集群现象的大学集群现象。虽然二者主体属性有差异，但本质上是一样的。根据经济空间联系和经济空间传递理论，湾区内的大学与企业产业等经济体有着密切的联系，大学集群在结构、组织和功能上存在协同互补以及制约的作用，同时，还存在物质、能量、信息等方面辐射、扩散、对流的功能。① 高水平大学集群是区域经济以及科技创新水平发展的人才储备基地和智力后盾，与产业集群相互协作发展，共同促进区域创新水平的进步。鉴于此，粤港澳大湾区要优化高校教育教学和人才培养制度体系，在人才培养、学科发展、创新科技等方面不断深化合作层次，打造世界级科研创新和科研人才培养的新高地。

3. 培养科技金融是实现合作创新的中坚力量

世界各大湾区所在区域都是其所在国的经济中心，例如，旧金山湾区不仅是美国的科技金融中心，同时还是世界风险投资的中心。三大湾区及欧洲的伦敦等区域都拥有充当金融枢纽的功能。而金融中心的存在对资本有聚集效应，吸引国内外的资本流入湾区，推动天使投资、风险投资以及私募投资等形式的汇集，这些投资都是促进科技金融发展、活跃创业投资市场的重要科技金融手段和方

---

① 欧小军：《世界一流大湾区高水平大学集群发展研究——以纽约、旧金山、东京三大湾区为例》，载《四川理工学院学报》（社会科学版）2018年第3期，第83–100页。

式。而且各大湾区政府积极鼓励科技金融的发展，支持各投资机构和投资人对初创企业的投资，为创新创业的个人和团体努力营造一个良好的创新创业的融资环境，从而进一步提高科技创新水平。作为全国科技、资本与人才集聚密度最高的区域之一，粤港澳大湾区拥有国内金融创新和科技创新的"领头羊"深圳及国际金融中心香港，应加强科技创新服务和金融服务体系建设，打造大湾区国际金融服务中心，提升跨境金融服务水平。利用香港、深圳金融服务产业优势和经验以及科技服务产业优势，实现三地金融、科技和产业的独特互补优势，优化人才、技术、资本等资源的配置，发挥科技和金融协同效应，提升大湾区科技创新水平。

4、产学研融合发展是实现合作创新的路径选择

尽管三大湾区产学研合作的形成机制和实现形式不尽相同，但都建立了高校—企业紧密结合的发展模式，促进科技人员的横向流动以及科技成果的转移转化。产学研发展模式对企业科技创新具有"棘轮效应"。对知识技术型企业而言，产学研合作带来的规模经济能够形成收益递增的正反馈效应，导致要素在知识创新中的投入能够发挥更加显著的作用。目前，港澳地区的科研机构和院校比内地更具优势。一方面，港澳具备国际化优势，在接受国外前沿知识和技术以及科研设备引进方面更加便捷；另一方面，港澳科研院校在基础理论和核心技术的研究上独具特色，达到了国际前沿水平。大湾区要依托广东省科技资源共享服务平台，实现广东与港澳地区多所高校、科研机构科研基础设施设备、人才资源的开放共享，推动区域内新的研究领域或者合作项目全面开花。此外，粤港澳大湾区要积极推进成果转化机制建设，实现产学研一体化发展，利用、培育和发展中介机构，改进教育和科技成果转化服务水平，建立知识产权争端解决机制，提升科研成果转化率。

总之，粤港澳大湾区要借鉴参考三大湾区和欧盟的成功经验，充分发挥科技创新对经济的引领作用，把粤港澳大湾区打造成为国际科技创新中心，成为中国实施创新驱动发展战略的引领者。

4 广东建设海上丝绸之路科技合作圈的基础及战略[①]

科技合作的形式包括遵从比较优势的技术转移，也包括共同合作研发新技术。本章将探讨广东的科技发展现状和方向，以期找到广东与海上丝绸之路沿线国家开展科技合作的潜力和切合点所在。选取产业结构、出口贸易结构和科技投入产出情况三个指标进行分析。其中，产业结构代表经济基础，是科技合作的基础；出口贸易结构是在国际市场上具有比较优势的商品，是科技合作可能的产业；科技投入和产出情况代表科技发展的方向，是科技合作的方向。

《中国区域科技创新评价报告2018》显示，广东综合科技创新水平指数在全国排第4位，展现了广东突出的创新优势。若要全面把握广东科技创新体系的现状，不仅要掌握广东创新能力情况，也要对创新环境加以分析。因此，本章从创新经济环境和创新能力情况两个方面分析广东科技创新体系的现状。

4.1 广东建设海上丝绸之路科技合作圈的创新体系评价

为全面把握广东发展国际科技合作的经济环境，下文从产业结构、进出口商品结构和进出口市场结构探讨广东发展国际科技合作的可行领域和方向，具体见表7。

---

① 若未做特殊说明，本章所引用数据均来自历年的《广东统计年鉴》。

表7　广东省发展国际科技合作经济环境指标体系

一级指标	二级指标
科技合作经济环境	（1）产业结构 （2）进出口商品结构 （3）进出口市场结构

4.1.1　广东开展国际科技合作的产业基础

改革开放以来，广东经济迅猛增长，地区生产总值从1978年的185.85亿元增长至2017年的89,705.23亿元，年均增长17.17%。其中，第一产业产值从1978年的55.31亿元增长至2017年的3,611.44亿元，年均增长11.31%；占比从1978年的29.8%增至1982年的38.4%，然后再降至2017年的4.0%。第二产业产值从1978年的86.62亿元增长至2017年的38,008.06亿元，年均增长16.88%；占比相对稳定，基本上在40%～50%之间，2017年占比为42.4%。第三产业产值从1978年的43.92亿元增长至2017年的48,085.73亿元，年均增长19.66%；占比也大幅度增加，从1978年的23.6%增至2017年的53.6%。（见图1）

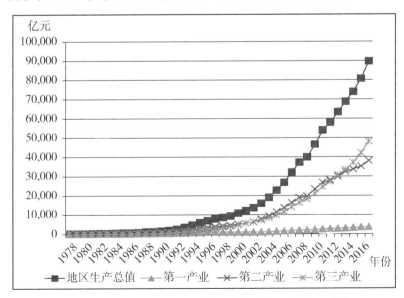

图1　1978—2017年广东省地区生产总值及三大产业产值

数据来源：《广东统计年鉴（2018）》。

从几个主要的行业看，工业是广东最主要的行业，产值从1978年的76.12亿元增长至2017年的35,291.83亿元，年均增长17.05%；占广东GDP的比重从1978年的41.0%降至1986年的31.2%，再增至2006年的47.4%，然后再降至2017年的39.3%。房地产行业是增速最快的行业，产值从1978年的1.42亿元增至2017年的7,635.96亿元，年均增长24.64%；2017年占GDP总额的8.51%。金融业增速排第二，产值从1978年的4.53亿元增至2017年的6,853.01亿元，年均增长20.65%；2017年占GDP总额的7.64%。2017年批发和零售业产值排第二，达8,976.59亿元；2017年占GDP总额的10.01%。（见图2）

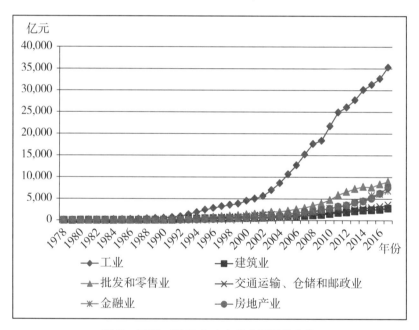

图2　1978—2017年广东省主要行业产值

数据来源：《广东统计年鉴（2018）》。

4.1.2　广东开展国际科技合作的贸易基础

自中国2001年加入WTO以来，广东的对外贸易继续保持快速发展的态势，除2009年受到全球金融危机影响有所下降，以及2014

年至2016年负增长外（分别为 -2.4%、-3.9%、-0.7%），其他年份均快速增长。进出口总额从2000年的1,701.06亿美元增长到2017年的10,284.98亿美元，翻了6倍；其中，进出口总额在2013年达到峰值，为10,918.22亿美元。（见图3）

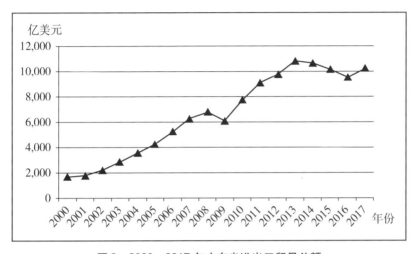

图3 2000—2017年广东省进出口贸易总额

数据来源：2001—2018年《广东统计年鉴》。

进出口贸易规模的迅速扩大加速了广东经济的发展，提升了广东的国内和国际影响力。有研究表明，外贸对广东经济增长的贡献率如下：2002年、2007年与2012年这三年，出口对GDP形成的贡献率平均为37%，而进口对GDP形成的贡献率平均为22%。[①] 广东是我国外贸大省，至今约占全国进出口贸易总额的1/4。虽然近17年来广东进出口贸易额在全国的比重逐年下降，从2000年的35.87%下降到2017年的24.52%，但广东仍然是我国外贸第一大省。

伴随着广东进出口贸易额绝对量的不断增长，贸易顺差也逐步

---

① 易行健、袁申国、戴艳娟：《外贸对广东经济增长与GDP形成的贡献测算：2001—2012》，载《华南师范大学学报》（社会科学版）2014第4期，第82-91页。

扩大，从2002年的137.32亿美元增加到2017年的2,459.18亿美元，峰值为2015年的2,641.40亿美元。顺差额占出口贸易总额的比重也是如此，从2000年的14.94%增长到2017年的38.50%，峰值也是在2015年（41.05%）。其原因在于近年来广东外贸出口总额保持相对稳定，而外贸进口呈现出下降趋势，尤其是近5年来（2013—2017年）广东出口额稳定在6,000亿美元以上（2016年除外）。而进口额却呈现出下降趋势，从2013年的4,554.58亿美元下降到2016年的3,567.21亿美元，2017年略有反弹，为3,927.50亿美元，导致这几年贸易顺差加速扩大。（见图4）

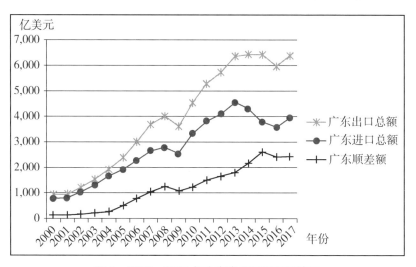

图4　2000—2017年广东省贸易顺差额情况

数据来源：2001—2018年《广东统计年鉴》。

1. 进出口贸易的商品结构①

（1）出口商品结构。广东出口贸易以机电产品和高新技术产品为主，在中国加入WTO以后，各类商品出口额都出现先快速增长后保持平稳甚至下降的趋势。其中，机电产品出口额占总出口额

---

① 本节机电产品和高新技术产品的数据统计有部分重复。

的比重从 2000 年的 54.37% 增长到 2017 年的 67.45%，增加了 13.08 个百分点。高新技术产品出口额占总出口额的比重从 2000 年的 18.52% 增至 2013 年的 40.29%，然后再下降至 2017 年的 34.65%，但总体上还是处于增长状态。机电产品和高新技术产品的占比快速增长说明广东出口商品结构在不断优化。（见图 5）

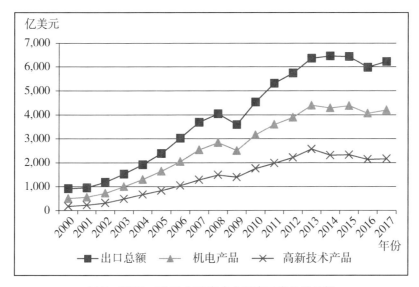

图 5　2000—2017 年广东省主要出口商品贸易额

数据来源：2001—2018 年《广东统计年鉴》。

其中，在机电产品出口贸易额中，电器及电子产品、机械及设备两类占比最大，2017 年分别达到 2,391.88 亿美元和 905.28 亿美元，占机电产品出口的比重分别为 56.93% 和 21.55%，两者之和达 78.48%。在高新技术产品出口中，计算机与通信技术产品、电子技术产品占主体，2017 年出口额分别为 1,654.74 亿美元和 287.62 亿美元，占比分别为 76.68% 和 13.33%。此外，光电技术产品出口增长较快，2017 年占比达 5.78%。

（2）进口商品结构。广东进口商品结构与出口商品结构相似，都是机电产品、高新技术产品占主体。这两类产品 2017 年进口额分别为 2,571.39 亿美元、2,025.79 亿美元；峰值均出现在 2013 年，分别为 2,836.64 亿美元、2,186.64 亿美元。2017 年机电产品、高新技术产品占总进口额的 67.00% 和 52.78%。虽然从金额上看有所下降，但占比却不断优化，说明广东进口商品结构在不断提升。同时，广东进口贸易结构总体上也优于出口商品结构。（见图 6）

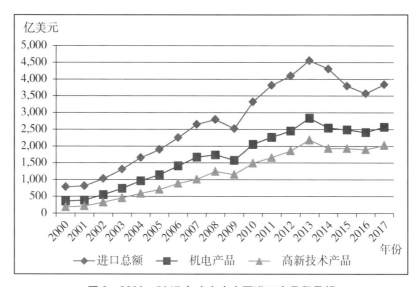

图 6　2000—2017 年广东省主要进口商品贸易额

数据来源：2001—2018 年《广东统计年鉴》。

从机电产品进口情况看，电器及电子产品仍然是主体，2017年占比达 71.08%，高于该类产品的出口占比 56.93%；而机械及设备占比为 14.58%，低于该产品出口占比 21.55%。高新技术产品进口中，电子技术产品 2017 年的贸易额占比为 59.60%，远大于该产品出口贸易额占比 13.33%；而计算机与通信技术产品占比只有 24.93%，远低于该产品出口占比 76.68%。这说明，在更细分的产品归类里，进出口商品还是有较大差异，在产业内贸易和产业间贸易都具有较大比重。

2. 进出口贸易的市场结构

由于贸易和投资的互动，探讨进出口贸易市场结构的目的在于发现广东与东盟科技合作的基础及其成长空间。

(1) 进出口贸易市场结构。广东主要进出口市场在亚洲（包括中国香港和台湾地区）、北美洲和欧洲，2016年分别占65.52%、13.31%和12.09%。从近十年（2005—2016年）的数据看，亚洲和欧洲市场份额基本不变，保持在65%和12%左右，但北美市场所占份额逐步下降，从2005年的16.40%下降到2016年的13.31%。广东主要的进出口市场具体排序为中国香港、美国、东盟、欧盟、韩国、日本和中国台湾等国家和地区。其中，与中国香港的贸易占最大份额，近十年（2005—2016年）来约占广东进出口贸易的20%，2013年达到峰值25%，但和改革开放初期广东与中国香港贸易占七成的情况相比已经有了大幅度下降。（见图7）广东与"一带一路"沿线国家合作加强，2015年广东对海上丝绸之路沿线重点14国进出口增长4.3%，占全省比重的13.2%，比上年提高1个百分点。2016年，广东对"一带一路"沿线国家和地区进出口继续增长6.5%。这表明广东进出口贸易市场越来越多元化。

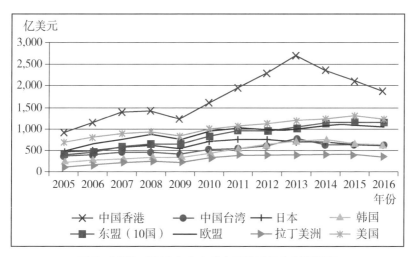

图7 2005—2016年广东省主要进出口市场贸易额

数据来源：2006—2017年《广东统计年鉴》。

(2) 出口贸易市场结构。广东出口市场结构与进出口市场结构整体情况基本一致，集中在亚洲（包括中国香港地区）、北美洲和欧盟,具体为中国香港、美国、欧盟、东盟等国家和地区,韩日已不再是广东主要出口市场。其中,广东出口中国香港的贸易额于2013年达到峰值,为2,621.97亿美元,2016年下降至1,814.56亿美元。而其他主要出口市场贸易额则逐步增长。其中,对东盟出口呈现出快速增长的势头,从2005年的115.79亿美元增长至2016年的584.03亿美元,翻了5倍。拉丁美洲和非洲是新的出口增长点。对拉丁美洲出口额从2005年的58.33亿美元增至2016年的254.45亿美元,增长了4.36倍;对非洲出口额从2005年的36.91亿美元增至2016年的253.65亿美元,增长了6.87倍。(见图8)目前,广东出口多元化趋势越来越明显。

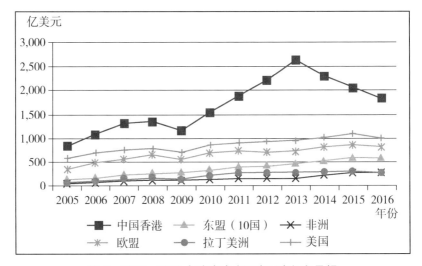

图8 2005—2016年广东省主要出口市场贸易额

数据来源:2006—2017年《广东统计年鉴》。

(3)进口贸易市场结构。广东进口市场集中于亚洲(包括中国香港和台湾地区),近十年(2005—2016年)来占比约达八成,2016年达79.40%;东盟已跃居广东第一大进口贸易市场。主要进口市场具体排序为东盟、中国台湾、韩国和日本,2016年贸易额分别为573.11亿美元、526.39亿美元、411.57亿美元和369.55亿美元,占2016年广东进口贸易总额的比重分别为16.07%、

14.76%、11.54%和10.36%，加起来约占一半。其次为欧盟、美国和南非，2016年贸易额分别为229.41亿美元、189.35亿美元、91.70亿美元，占比分别为6.43%、5.31%和2.57%。南非是广东进口市场新的增长点，但在2013年达到峰值（265.61亿美元）后呈快速下降趋势。而中国香港已经不是主要进口市场，2016年广东从中国香港进口仅为42.26亿美元。（见图9）

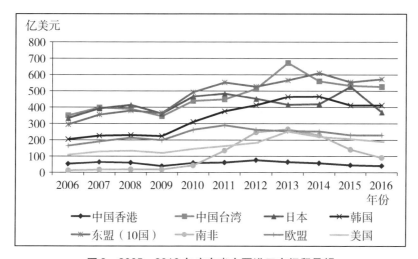

图9 2005—2016年广东省主要进口市场贸易额

数据来源：2006—2017年《广东统计年鉴》。

4.2 广东建设海上丝绸之路科技合作圈的创新能力评价

按照科技创新能力的一般评价指标，本书为评价广东科技创新能力设立以下指标，包括科技创新投入、科技创新产出、科技创新平台建设3个一级指标和7个二级指标，具体情况如表8所示。

表8 广东省科技创新能力评价指标体系

一级指标	二级指标
科技创新投入	(1) R&D经费及其占GDP的比重、R&D课题（项目）数 (2) R&D人员数量、每万人高校在校生数

续表 8

一级指标	二级指标
科技创新产出	（1）省级及以上科技奖励成果数 （2）专利申请批准量 （3）技术合同成交额
科技创新平台建设	（1）科技研究机构数 （2）国家级高新技术园区情况

4.2.1 广东科技创新投入的基本情况

科技创新投入主要从资金、人力资源投入两个方面评估，具体为 R&D 经费及其占 GDP 的比重、R&D 课题（项目）数、R&D 人员数量、每万人高校在校生数（潜在创新资源投入）。

数据显示，广东 R&D 人员数量增长较为明显，从 2010 年的 44.66 万人增长到 2017 年的 87.99 万人，短短几年翻了将近一倍。广东每万人高校在校生数也是快速增长，从 2000 年的每万人高校在校生数 41.19 人增长到 2017 年的 175.09 人，翻了 4.25 倍。说明广东在大学生人才培养方面投入加大。不过由于广东相当一部分的高校是部属院校，因此，该数据不仅包括广东的投入，也包括中央的投入。广东 R&D 经费内部支出逐年递增，从 2000 年的 107.12 亿元增长到 2017 年的 2,343.63 亿元，翻了 21.87 倍，跃居全国第一位。R&D 经费支出占 GDP 比重也是逐年上升，从 2000 年的 0.99% 增长到 2017 年的 2.61%。（见表 9）大于同期浙江 R&D 经费内部支出 1,266.34 亿元，也高于浙江占比 2.45%。

表 9 近年广东省科技投入情况

指标	2000 年	2010 年	2014 年	2015 年	2016 年	2017 年
每万人高校在校生数/人	41.19	148.02	167.31	171.11	172.10	175.09
R&D 人员/万人	—	44.66	67.52	68.02	73.52	87.99
R&D 经费内部支出/亿元	107.12	808.75	1,605.45	1,798.17	2,035.14	2,343.63

续表9

指标	2000年	2010年	2014年	2015年	2016年	2017年
R&D经费支出占GDP比重/%	0.99	1.74	2.33	2.43	2.52	2.61
R&D课题（项目）数/个	—	72,747	108,109	112,680	135,652	170,214

数据来源：历年《广东统计年鉴》。

从广东R&D经费结构看，实验发展费用占绝大部分，应用研究占比次之，基础研究经费占比最少。2017年以上各项经费占比分别为86.13%、9.20%和4.67%。从资助主体看，广东R&D经费主要来自企业，2017年企业资金占比达87.37%，早已从根本上改变了主要靠政府投入的格局。（见表10）

表10　近年广东省R&D经费结构

单位：亿元

指标	2000年	2010年	2014年	2015年	2016年	2017年
R&D经费内部支出	107.12	808.75	1,605.45	1,798.17	2,035.14	2,343.63
基础研究	0	16.72	42.41	54.21	86.02	109.42
应用研究	0	37.32	126.50	165.00	164.50	215.60
实验发展	0	754.70	1,436.53	1,478.96	1,784.62	2,018.61
政府资金	101.38	65.76	116.66	145.85	186.60	240.40
企业资金	86.44	708.93	1,445.72	1,606.21	1,795.78	2,047.59

数据来源：历年《广东统计年鉴》。

4.2.2　广东科技创新产出的基本情况

科技创新产出主要从省级及以上科技奖励成果数、专利申请批准量、技术合同成交额三个方面分析。数据表明，近年来广东在专利批准量、技术合同成交额两个方面快速增长。专利申请批准量从2000年的15,799件增至2017年的332,648件，翻了21倍，年均增长19.63%；发明专利占所有专利申请批准量的比重越来越大，从2000年的1.65%增长至2017年的13.75%，但仍低于全国平均值（2018年全国平均值为36%）。技术合同成交额从2000年的48.21亿元增至2017年的949.48亿元，翻了19.69倍，年均增长19.16%。但获省级及以上科技奖励成果数一直徘徊在280项左右。（见表11）

表11 近年广东省科技创新产出情况

指标	2000年	2010年	2014年	2015年	2016年	2017年
省级及以上科技奖励成果/项	289	296	295	269	272	284
专利申请受理量/件	21,123	152,907	278,351	355,939	505,667	627,819
发明专利申请量/件	1,760	40,866	75,148	103,941	155,581	182,639
专利申请批准量/件	15,799	119,346	179,953	241,176	259,032	332,648
发明专利批准量/件	261	13,691	22,276	33,477	38,626	45,740
技术合同成交额/亿元	48.21	242.5	543.14	663.53	789.68	949.48

数据来源：历年《广东统计年鉴》。

4.2.3 广东科技创新平台建设的基本情况

近年来，科技创新的载体之一——科技研究机构数快速增长，广东科技研究机构从2010年的4,452个增长至2017年的23,318个，翻了5.24倍，年均增长26.69%。（见表12）

表12 近年广东省科技研究机构数

指标	2010年	2014年	2015年	2016年	2017年
科技研究机构数/个	4,452	5,333	8,164	14,311	23,318

数据来源：历年《广东统计年鉴》。

科技创新的另外一个重要载体——国家级高新区也是不断增长，从1999年的6个国家级高新区增长至2018年的14个高新区。

4 广东建设海上丝绸之路科技合作圈的基础及战略

（见表13）

表13 近年广东省国家级高新区情况

年份	1999年	2010年	2015年	2018年
个数	6	9	11	14

数据来源：历年《广东统计年鉴》。

4.3 广东建设海上丝绸之路科技合作圈面临的挑战

海上丝绸之路沿线国家众多，每个国家的制度背景、市场环境、经济发展、法律框架及文化环境等方面存在差异性，广东在建设海上丝绸之路科技合作圈、与沿线国家开展合作时会面临诸多困难和挑战，主要体现在以下两个方面。

一是国家之间制度背景、国家政策、法律框架和文化环境等方面的差异性，导致海上丝绸之路沿线国家开展经济技术合作困难重重。比如，全球科技合作加速发展的趋势，必然要求科技活动所用的语言和信息处理平台趋向统一化和标准化，因此，各国在开展科技合作过程中会更多地考虑对国家安全的影响，尤其是针对信息技术、金融、电信和网络安全等行业。此外，国家知识产权建设与国际准则之间的差距也让国际科技合作面临挑战。国际科技合作对一个国家的正向收益取决于该国利用科技全球化趋势的能力和在全球科技活动中吸取先进知识、提高知识收益水平的能力。如果一国知识产权不能适应国际合作的趋势和要求，在参与国际科技合作过程中无法提供有效的制度环境，会使得该国参与国际科技合作的收益大大下降。[1] 因此，面对国际科技合作的重重挑战，广东在建设海

---

[1] 傅建球：《国际科技合作新趋势对中国科技发展的挑战及其对策》，载《科学管理研究》2005年第1期，第42-46页。

上丝绸之路科技合作圈的过程中,想要短期内解决这些问题是不现实的,更多地应当立足长期,统筹全局。

二是海上丝绸之路沿线国家和地区之间的经济技术及产业差距很大,在开展经济技术合作中的需求千差万别。日本、韩国、新加坡这一类经济发展水平高的国家,其更多关注科技合作对国家科学研究、产业技术研发的影响。日本是沿线国家中经济技术最发达的发达国家,一直以来在区域经济技术合作中拥有主导权。韩国、新加坡等国也致力于在区域经济发展等事务中发挥特殊作用。东南亚及南亚众多的发展中国家,如老挝、柬埔寨、缅甸、越南和文莱等国家,更多关注与本国经济社会发展密切相关的实用技术,而在基础科学的合作开展和高新技术的研发方面能力较弱。这一类欠发达国家在区域经济技术合作中,更多希望获得资金及技术的支持或援助来发展本国的经济技术。这些现状和诉求会严重影响广东建设海上丝绸之路科技合作圈的进程。

4.4 广东建设海上丝绸之路科技合作圈的战略

4.4.1 战略目标与思路

广东建设海上丝绸之路科技合作圈,是要抓住亚太区域经济合作崛起和发展的机遇,是要以此推进和巩固"一带一路"的建设,全面拓展与包括周边国家与地区在内的世界所有国家的经济、技术合作关系,通过加强与亚太国家的科技沟通与合作,推动东亚区域经济技术联盟的形成,以此作为广东扩大对外开放的一个重要环节,并以此推动粤港澳大湾区的建设及广东经济的高质量发展。

广东建设海上丝绸之路科技合作圈,首先,面对资金少、科技人才有限的情况,在建设海上丝绸之路科技合作圈的政策和措施上,不能一哄而上,不能在全线国家中铺开,要集中资金和人才,把有限的力量放在较为有合作基础的国家上。其次,广东应根据自身的比较优势,在推进自身有特色的优势技术开展合作的基础上,要始终坚持通过建设海上丝绸之路科技合作圈来抢夺世界产业的高技术和高附加值的生产环节,不断优化广东的技术结构和产业结构。最后,要科学地实施"走出去""引进来"和自主创新相结合来建设海上丝绸之路科技合作圈;要把广东比较有基础的信息化与工业化密切结合起来,以信息化推动工业化,以工业化带动信息化,走具有广东特色的建设海上丝绸之路科技合作圈道路,努力提高海上丝绸之路科技合作圈的科技含量。

4.4.2 原则与对策

广东建设海上丝绸之路科技合作圈,是广东积极参与"一带一路"建设的重要内容和路径。因此,根据海上丝绸之路沿线国家的现实国情,在建设机制上,要坚持"因地制宜、有所作为、共建共享"的原则;在建设路径上,要坚持"绿色优先、新兴产业崛起和创新驱动"的原则。

为建设海上丝绸之路科技合作圈,培育广东国际竞争新优势,这些战略原则需要得到具体措施的支撑:一是完善开放型经济体系。包括支撑建设海上丝绸之路科技合作圈的内部全域开放、外部全方位开放格局、更多领域开放及其制度体系建设,以更加开放的体制机制,促进对外科技合作圈建设。二是加强"走出去"战略的实施。鼓励对外投资,推动海上丝绸之路沿线国家的产业国际合作,带动各个产业的技术合作发展。三是坚持提升人力资本的素质。通过提升人力资本水平,推动其他要素质量的提升,带动技术创新、科技合作圈建设模式创新和管理创新。四是加强技术创新激励。通过体制机制的建设保障技术创新者的利益,推动创新驱动战略,推动企业积极参与海上丝绸之路科技合作圈建设。五是加强科技合作圈建设的风险防范。科技合作是技术及产业竞争的结果,科技合作圈建设必然导致国际技术竞争风险的扩大。必须研究如何利用国际规则，规避各种风险；增强参加建设的企业的风险意识，采取有效防范措施；利用各种行业组织和技术措施加强对科技合作圈建设风险的识别和防范。

5 广东与发达国家科技合作的进程

自20世纪80年代以来，伴随着广东率先改革开放和进入工业化，广东逐步开展国际科技合作，并于20世纪90年代得到快速发展。广东与发达国家的国际科技合作最初以贸易为起点，逐渐过渡到以劳动密集型产业为主的低层次技术合作，21世纪以来，逐步转变为以高新技术产业合作为主。在此过程中，广东与发达国家的国际科技合作走出了一条政府引导、企业实施、市场化运作的国际科技合作道路。

广东省政府部门历来高度重视国际科技合作。广东通过制定科技发展规划纲要和科技发展计划引导国际科技合作的开展。1994年，广东在全国首先设立了国际科技合作计划。在中国加入WTO以后，广东对外经贸活动更加活跃，政府部门越发意识到国际科技合作的重要作用。如在2005年发布的《广东省中长期科学和技术发展规划纲要（2006—2020年）》和2007年发布的《广东省科学和技术发展"十一五"规划》中明确提出"以引进技术、培养人才、增强自主创新能力为目标，加强国际科技合作"。通过引进关键技术，在消化吸收的基础上实现再创新；同时，鼓励企业和科研机构"走出去"，鼓励高新技术企业和科研机构在国外设立研发机构，利用发达国家创新人才和创新资源，服务和带动企业自主创新。① 在2017年发布的《"十三五"广东省科技创新规划（2016—

---

① 《广东省科学和技术发展"十一五"规划》，见广东省科学技术厅官网（http://gdstc.gd.gov.cn/zwgk_n/jhgh/content/post_2691528.html）。

2020年)》中提出加强与创新型国家合作与交流。此外，从20世纪90年代末开始，广东专门建立了"国外高新技术发展跟踪系统"及相关数据库，及时发布与广东高新技术产业相关联的发达国家技术发展状况及研发方向信息，为高科技企业的国际科技合作提供服务。

5.1 广东与发达国家科技合作的特征

5.1.1 以企业为主体开展国际科技合作发展迅速

1. 广东企业技术引进经费支出稳步增长

进入21世纪以来，广东科技投入逐步由以政府投入为主转变为以企业投入为主。根据广东省科技统计分析中心的数据，企业研发投入从2000年的86.44亿元增长至2017年的2,047.59亿元，短短17年增长了23.69倍，年均增长20.46%；17年间，企业研发投入占比从46.02%增长到89.49%。

广东企业在注重研发的同时，也加大了对技术的引进力度，规模以上工业企业基本代表了广东企业的基本情况。从广东规模以上工业企业国际科技合作的重要指标——技术引进经费支出看，该项支出从2000年的16.12亿元增长至2017年的94.6亿元，增长了5.87倍，年均增长10.97%。分时间段来看，2001年至2006年广东规模以上工业企业技术引进经费支出保持在20多亿元，处于缓慢增长阶段；2007年猛增至66.03亿元，比2006年翻了一倍多；此后至2014年维持在50亿元至70亿元之间；然后再快速增长至2016年的131.6亿元；2017年再较大幅度下降至94.6亿元。(见图10)

相比较而言，广东在引进技术后的消化吸收经费支出相对偏少，呈现出先增长后下降的趋势。从2000年的1.38亿元增至2005年的11.4亿元，此后再波浪式减至2017年的3.9亿元。消化吸收经费支出占技术引进经费支出的比重也是先增后降,从2000年的8.56%增至2005年的40.2%,此后占比数据急降为2006年的17.46%,再之后也是波浪式下降至2017年的4.12%。(见图10)

广东技术引进更倾向于国际先进技术,国内技术购买支出金额相对较少。2000年至2014年国内技术购买支出缓慢增长,从1.05亿元增至9.91亿元;不过2015年至2017年保持在较高水平,购买支出金额分别为40.9亿元、62.5亿元和44.4亿元。从国内技术购买支出占技术引进经费支出的比重看,由2000年的6.51%快速增至2003年的44.44%,此后2006年至2014年保持在百分之十几的比例,而2015年至2017年占比数据突增,分别为46.85%、47.49%和46.93%。(见图10)

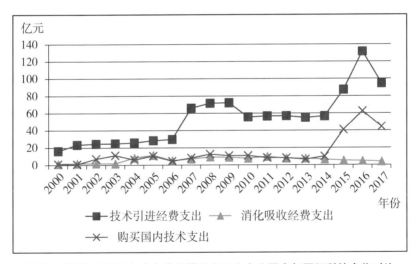

图10 2000—2017年广东省规模以上工业企业国内与国际科技合作对比
数据来源:广东省科技统计分析中心。

2. 广东企业主动"走出去"开展国际科技合作

广东企业积极"走出去",除了参加展会、到国外考察外,还有部分高新技术企业(如华为、中兴通讯等)直接在发达国家建立研发中心,利用当地科技资源为企业服务。至2007年,广东已有700多家企业在境外60多个国家和地区设立了分公司或者研发机构，如格兰仕集团在美国设立了研发中心，华为技术有限公司在美国硅谷、瑞典、印度等国家设立了研究所。[①] 当前，在国外设立研发机构的公司主要有华为、美的等大型企业。

5.1.2 依托高校及科研机构建立国际科技合作示范基地

2007年，广东启动了"国际科技合作示范基地"建设，获得首批国家认可的"国际科技合作基地"有广东省农业科学院和广州中医药大学。至2009年年初，广东建立了6家国家级和12家省级"国际科技合作基地"。截至2019年，广东获批设立的国家级和省级"国际科技合作基地"共124家，其中，被认定为国家级国际科技合作基地的共有31家（含深圳5家）。这些基地均取得了较好的建设成效，如由东莞理工学院和瑞士南方应用科技大学合作建设的中瑞精密制造技术中心。科研实力较强的中山大学和华南理工大学也积极与发达国家开展了广泛的国际科技合作。如中山大学中山眼科中心与荷兰国家眼科研究所、美国Casey眼科研究所合作建立了广东省国际葡萄膜炎研究实验室；华南理工大学与美国、澳大利亚、法国等国家的公司开展了广泛的合作。[②] 广州大学工程结构抗风与结构安全国家国际科技合作基地、中国科学院广州生物医药与健康研究院广东省干细胞与再生医学国际科技合作基地等均为高校或者科研机构的国际科技合作基地。而广东的国际联合研究中心也几乎都是以高校或科研机构为依托建立的，如中国科学院广州能源研究所的国家可再生能源综合技术国际研发中心、中山大学的转化医学国际联合研究中心、中国科学院广州生物医药与健康研

---

① 张珺、刘德学：《构建开放式产业创新体系推动广东高新技术产业的国际科技合作》，载《科技管理研究》2008年第1期，第12-15页。

② 崔学海：《广东省国际科技合作的经验和启示》，载《财政研究》2009年第3期，第54-56页。

究院的再生生物医学联合研究中心、华南农业大学的国家精准农业航空施药技术国际联合研究中心和华南师范大学的绿色光电子国际联合研究中心等。

5.1.3 国际科技合作伙伴及合作领域逐步增加

1. 发达国家是广东国际科技合作主体

基于引进吸收先进技术和到境外利用科技资源的目的，广东国际科技合作伙伴以发达国家为主。2004年，广东国际科技合作伙伴已经遍及五大洲，发达国家和地区有美国、日本、澳大利亚、欧盟、加拿大等，还包括联合国机构等国际组织；科技合作方向主要涉及电子信息、生物技术、医学、地理学和农业技术等方面。具体包括：广东与美国马萨诸塞州、夏威夷州、加利福尼亚州、密歇根州互为友好省份；与德国弗劳恩霍夫协会科技合作紧密；与澳大利亚昆士兰科技大学签署了国际科技合作协议；与新西兰卓越研究中心（CoREs）是科技合作伙伴关系；与日本近畿经济产业局共同组织实施环保节能领域合作计划；等等。2007年，广东与美国、欧盟、丹麦、俄罗斯、荷兰等国家和地区建立了科技合作伙伴关系，实施科技合作项目40多项。[①] 美国、日本、新加坡、德国、英国、以色列等国家和地区是广东国际科技合作最为集中的地区，其中，美国是广东技术引进的最大来源国。广东已与40多个国家建立了科技交流与合作关系，签署了50多项科技合作协议。[②]

2. 21世纪以来广东国际科技合作更加活跃

21世纪初，广东国际科技合作已经非常活跃。以广东与德国科技合作为例，1978年中国就与德国签订了科技合作协议，此后

---

① 周永章、梁弈鸣、郭艳华：《创新之路：广东科技发展30年》，广东人民出版社2008年版。

② 李春燕：《周末到国际会展中心　看全球尖端科技盛会》，载《东莞时报》2016年12月10日。

一直保持良好的活动与交往，但广东与德国科技合作活跃期却是在2003年之后，突出表现在高新技术领域的科技合作，涉及信息技术、生物医药、新能源、新材料等方面。合作形式有开展项目合作研究，共同建立研究中心，共同建立科技中介服务机构并进行技术指导与转让。2004年，广东与加拿大国家研究委员会工业研究援助计划署签订了科技合作备忘录，确定在能源、数字多媒体技术、生物技术三个领域优先合作。至2015年，广东已经实施的与发达国家共同开展的国际科技合作项目有：广东省工业技术研究院与德国弗劳恩霍夫协会相关研究所开展全面合作，如佛山的中德工业区建设、东莞松山湖高新区的科技合作；与以色列开展合作，包括水处理技术、环保、新能源、基因测序应用、高能物理等领域；与新加坡、日本、韩国等国开展科研资源的合作与共享，并实施建设"中新广州知识城"等标志性项目。

3. 广东与发达国家国际科技合作领域广泛

当前，广东以国际科技合作专项和基金等形式进行国际合作。广东省科学技术厅有关国际合作专项项目优先支持已与广东签署的双边科技合作协议框架下的项目。重点支持企业牵头申报、产学研合作、以成果转化和实现产业化为目标、具有明确商业化前景和良好社会效益的合作项目。① 主要包括以下具体国际科技合作项目。①美国：广东友好省州（马萨诸塞州、夏威夷州、加利福尼亚州、密歇根州）科技合作项目。马萨诸塞州支持领域为节能环保、信息通信、生物医药；夏威夷州支持领域为海洋科学、热带农业；密歇根州支持领域为智能交通、先进制造；加利福尼亚州支持领域为信息通信、现代农业。②德国：弗劳恩霍夫协会合作项目。重点支持围绕智能网络制造、信息通信技术、智能技术系统、生产自动化等德国政府倡导的工业4.0相关主题合作研发项目。③白俄罗斯：

---

① 冯海波：《广东国际科技合作领域项目申报工作启动》，载《广东科技报》2018年9月7日。

白俄罗斯国家科学院项目。重点支持围绕新材料、信息技术、生物医药等重点领域的基础和应用基础研究、技术转移和成果转化项目。④澳大利亚：澳大利亚昆士兰科技大学合作项目。合作领域为空气质量科学、公共卫生、干细胞与再生医学、软件信息技术。⑤新西兰：卓越研究中心合作项目。合作领域为生物医药（干细胞与再生医学、代谢疾病、肿瘤疫苗、新型药物研发、临床转化）、工程科学、创新与技术转移。⑥以色列：广东—以色列产业研发合作计划。根据《广东省人民政府和以色列政府关于促进产业研究和开发的技术创新合作协定》，广东省科学技术厅与以色列创新署于2019年度继续组织双边联合资助项目，支持以成果转化和实现产业化为目的的联合研发、技术引进、技术转移和应用等高新技术领域的项目。⑦日本：广东—日本近畿经济产业局环保节能领域合作计划。重点支持固体、液体、气体废弃物处理与利用，深度污水、污泥处理，环境检测技术及标准化，以及高效能源与节能、建筑节能、可再生能源、土壤修复等环保节能领域。⑧其他国际合作项目：支持广东省内创新主体参与国际大科学计划和大科学工程项目，或联合其他来自创新型国家等的合作方，围绕新一代信息技术、高端装备制造、绿色低碳、生物医药、数字经济、新材料、海洋经济、现代种业和精准农业、现代工程技术等重点领域的需求，开展技术研发、技术转移和产业化合作项目。

5.2 广东与发达国家科技合作的具体领域

5.2.1 科研项目及学术交流合作

2018年，广东继续加强与加拿大、英国、荷兰、奥地利、日本、以色列、澳大利亚等重点国家的科技合作，组织实施双边科研项目联合资助计划。广东与这些国家共同立项资助14个产业研发合作项目，并提供财政支持1,400万元。此外，广东已经完成了与澳大利亚昆士兰科技大学合作备忘录的续签工作,在未来5年,双方将继续扩大重点合作领域,共同支持联合研发项目,共建联合研发平台。

科学家之间的跨国交流合作是各国开展国际科技合作的基础。2018年,广东已组织或配合开展包括"中荷智能和绿色交通技术研讨会""2018中国(广州)新一代人工智能发展战略国际研讨会暨高峰论坛""中日青年科技人员交流计划日本访华团"等6场交流对接活动。其中包括2场对接会、1个交流团组活动、1场高峰论坛、1场专题讲座、1场签约仪式,共计服务33家外国机构、70家中方机构,接待近1,400人。

与此同时,广东还经常邀请外国专家举办交流会,促进科技合作,如邀请联合国科技促进发展委员会主席、奥地利维也纳技术大学软件工程学院院长蔡阿民进行交流合作。此外,广东还与联合国经济和社会事务部等国际组织及英国、荷兰、加拿大、新西兰、白俄罗斯等国家驻华科技参赞、驻穗总领事展开交流合作,与英国创新署、日本中小企业基盘整备机构、德国航空航天中心项目管理署等重点合作国家的组织管理机构通过20多场工作坊或视频工作会议进行会谈和交流。

2018年,广东共推荐134个项目申报科技部国家重点研发计划及各类国家重点专项;共有14项获批立项为国家重点研发计划"政府间国际科技创新合作/港澳台科技创新合作"重点专项、双边政府间例会项目、发展中国家技术培训班项目等,共计获科技部财政资助约1,800万元;完成34项中华人民共和国科学技术部已立项的国际科技合作计划项目财务验收、技术验收推荐工作。

5.2.2 知识产权交易

根据广东省商务厅发布的广东2018年服务贸易的数据显示,广东明显加强了与发达国家的知识产权交易。2018年,广东知识产权使用费进出口总额达1,008.63亿元,比2017年增长29.27%。其中,知识产权使用费进口总额为700.85亿元,同比增长38.63%;知识

产权使用费出口总额为307.77亿元,同比增长12.04%。(见表14)

表14 2018年广东省知识产权交易情况

项目	进出口		出口		进口	
	金额/亿元	增长/%	金额/亿元	增长/%	金额/亿元	增长/%
知识产权使用费	1,008.63	29.27	307.77	12.04	700.85	38.63

数据来源:广东省商务厅官网。

5.2.3 技术贸易进出口

据中华人民共和国商务部的统计,2018年,广东技术进出口总额为76.34亿美元,其中,技术出口合同金额为20.87亿美元,技术进口合同金额为55.48亿美元。(见表15)通信设备、计算机及其他电子设备制造业是广东技术进口的主要行业,全年技术进口合同金额为22.53亿美元,占全省的40.61%。全省技术进口主要发达国家为日本、美国、芬兰、英国和韩国(见表16),这几个国家的技术进口合计占全省的86.8%;技术出口主要发达国家为美国和英国,全年向两国技术出口合同金额为6.20亿美元,约占全省的30%(见表17)。全国共登记技术出口合同总额为283.1亿美元,进口合同总金额为331.4亿美元。

表15 2014—2018年广东省技术进出口情况

单位:亿美元

年份	进出口金额	出口金额	进口金额
2014	91.06	29.62	61.44
2015	104.07	25.06	79.01
2016	110.68	18.99	91.69
2017	98.32	31.19	67.13
2018	76.34	20.87	55.48

数据来源:中华人民共和国商务部官网。

表16 2018年广东省技术进口主要发达国家

国家	合同数/宗	合同金额/万美元	技术费/万美元	设备费/万美元	合同金额占比/%
日本	141	186,978.07	185,627.39	326.01	33.70
美国	93	185,152.93	184,904.81	13.00	33.78
芬兰	8	58,831.60	58,831.60	0	10.60
英国	26	29,716.05	29,671.85	0	5.36
韩国	20	21,013.78	20,961.44	0	3.79

数据来源：中华人民共和国商务部官网。

表17 2018年广东省技术出口主要发达国家

国家	合同数/宗	合同金额/万美元	技术费/万美元	设备费/万美元	合同金额占比/%
美国	101	47,707.82	47,564.78	58.94	22.86
英国	12	14,240.62	14,240.62	0	6.82
芬兰	5	10,873.16	10,873.16	0	5.21
新加坡	21	9,434.3	9,375.89	58.41	4.52
韩国	11	6,284.66	6,278.62	5.04	3.01

数据来源：中华人民共和国商务部官网。

虽然近年来受国际形势的影响，广东省对外技术贸易规模有所下滑，但技术贸易业务结构得到进一步优化。根据中华人民共和国商务部官网公布的数据，从技术引进方式看，2018年全省引进专有技术许可和转让的金额达38.78亿美元，占全省所有技术引进总额比重的64%，较2017年提高5%；从技术出口市场看，广东省技术出口主要目标市场为中国香港、美国、英国、芬兰和新加坡，合计占全省的69.1%，较2017年提高20%。

深圳、广州、东莞是广东技术进口和出口的主要城市。2018年，三市的技术进口合同金额合计达到45.20亿美元，占全省的

81.48%；三市技术出口合同金额合计达到 18.89 亿美元，占全省的 95.52%。

5.2.4 服务外包

据中华人民共和国商务部统计，2018 年，在发达国家和地区中，欧盟、美国仍为全球主要发包市场。广东省承接欧盟、美国服务外包执行金额分别为 18.64 亿美元和 7.97 亿美元，分别占全省离岸业务总量的 16.2% 和 6.9%。广东承接欧盟服务外包合同金额同比增长 33.98%。（见表 18）另外，2014—2018 年广东承接服务外包的发展情况如表 19 所示；2018 年广东承接服务外包业务情况如表 20 所示。

表18　2018 年广东省承接服务外包主要国家（地区）

国家（地区）	合同数/个	同比增长/%	合同金额/万美元	同比增长/%	执行金额/万美元	同比增长/%
美国	1,642	29.39	109,030	-21.81	79,711	-10.19
日韩	682	22.22	122,504	44.50	54,222	77.47
其中：日本	349	-3.06	94,035	78.05	30,599	-20.81
东盟	1,706	21.34	383,064	52.59	168,239	0.98
其中：新加坡	636	12.17	246,539	60.95	119,878	2.82
欧盟	1,613	6.61	264,459	33.98	186,434	19.37
其中：德国	337	-2.88	110,890	225.98	55,270	79.14
英国	374	41.67	55,119	1.55	44,872	-9.08
瑞士	70	14.75	23,647	233.60	8,337	-2.22
中东	702	-12.47	74,976	-27.58	65,722	-31.4
南美	269	9.97	40,905	61.70	19,282	11.00

数据来源：中华人民共和国商务部官网。

表19 2014—2018年广东省承接服务外包的发展情况

年份	承接服务外包（含离岸和在岸）				承接离岸服务外包			
	合同金额/亿美元	增长/%	执行金额/亿美元	增长/%	合同金额/亿美元	增长/%	执行金额/亿美元	增长/%
2014	143.12	34.33	92.68	30.10	93.87	29.79	63.17	23.08
2015	165.69	15.77	113.64	22.62	108.46	15.54	79.10	25.21
2016	231.78	39.89	139.47	22.73	123.37	14.07	94.78	19.82
2017	282.18	38.15	185.84	33.25	165.6	33.85	122.7	29.50
2018	324.17	14.88	194.83	4.84	181.50	9.60	114.75	-6.51

数据来源：中华人民共和国商务部官网。

表20 2018年广东省承接服务外包业务情况（分出口方式）

合同类别	合同数	同比增长/%	合同金额/万美元	同比增长/%	执行金额/万美元	同比增长/%
信息技术外包（ITO）	19,109	15.01	1,434,062.13	20.54	810,941.25	10.50
软件研发外包	9,141	27.29	661,825.67	25.21	493,492.72	11.70
软件研发及开发服务	5,569	27.79	275,460.19	50.41	166,558.27	38.89
软件技术服务	3,571	26.72	386,330.49	11.85	326,921.05	1.57
其他软件研发外包业务	1	-80.00	34.99	34.01	13.39	-54.55
信息技术服务外包	2,046	-22.53	113,194.77	28.97	73,086.2	26.52
集成电路和电子电路设计	188	-37.75	33,159.13	41.81	20,768.89	9.31
电子商务平台服务	223	58.16	34,164.43	278.06	15,055.8	106.12
测试外包服务	707	-46.48	2,993.5	-39.57	1,750.82	-49.25
IT咨询服务	57	0.00	1,983.46	-65.05	1,450.18	23.65

续表 20

合同类别	合同数/万美元	同比增长/%	合同金额/万美元	同比增长/%	执行金额/万美元	同比增长/%
IT 解决方案	67	−67.79	1,741.82	−54.08	1,727.07	−36.20
其他信息技术服务外包业务	804	31.37	39,152.45	−4.34	32,333.44	33.99
业务流程外包（BPO）	7,708	11.13	1,030,479.53	11.36	635,854.4	3.98
知识流程外包（KPO）	31,775	−14.33	777,214.03	9.97	501,530.31	−2.24
总计	58,597	−3.37	3,241,760.6	14.88	1,948,325.96	4.84

数据来源：中华人民共和国商务部官网。

5.3 广东与发达国家科技合作的成就与短板

5.3.1 取得的成就

随着全球化的发展，全球性的科技合作与交流不断深入。各国经济和科技活动的合作不断加强，更多国家和地区间的大学、研究机构与企业开展科技合作活动。当前，中国在经过改革开放 40 多年的发展后，提出进一步深化改革开放的改革目标。中国政府越来越重视对外科技合作，尤其是与发达国家开展合作。

广东省一直以来以国际科技合作专项和基金等形式与发达国家进行国际科技合作。其中，美国、日本、英国等发达国家一直是广东开展国际科技合作的主要发达国家。

作为改革开放先行地区，广东省一直高度重视国际科技合作。广东省对外开展科技合作，尤其是与发达国家的科技合作发展很快，一些合作项目不断落地，参与合作交流的人数也不断增多，合作项目高技术含量也不断增多，科技投入产出不断增加。2017 年，广东省研究与开发经费达到 2,343.63 亿元，占 GDP 比例的 2.61%。截至 2019 年，广东省拥有国家级国际科技合作基地 31 个，包括国际创新园、国际联合研究中心、国际技术转移中心、示范型国际科技合作基地。广东省国际科技合作领域的科技计划申报达 1,060 个，立项达 396 个；主要与加拿大、日本、以色列、欧盟等国家和地区在电子信息、机械制造、生物制药等方面开展科技合作，形成一批科技合作区，如中新广州知识城、中德金属生态城（揭阳）、中以国际科技合作产业园（东莞）等。

为了加强对国际科技信息的搜集，提高科技发展效率，广东省建立了"国际科技合作工作网络系统""世界高新技术及产业发展信息跟踪系统"等数据库系统，研究与广东省高新技术产业发展相关的国外技术信息，开展与广东省重点发展产业相关的关键技术追踪研究，及时提供可靠的合作资源，为科技合作提供决策建议。

5.3.2 期待解决的短板

虽然广东省与发达国家开展科技合作取得了一些成绩，但同时也存在不少短板。

（1）基础科学薄弱，国际科技合作与国家的战略需求和自主创新不能同步协调。国际科技合作会涉及两国政治、外交，以及科研单位企业承接转让技术及其自主创新能力等诸多环节，广东在对外开展国际科技合作过程中具有战略需求的技术领域，通常发达国家为保持技术优势或从国家安全的角度出发而极力防范和限制，这在一定程度上决定了广东与发达国家开展合作的领域、范围和程度是有限的。能够满足广东产业转型升级急需相关的科技合作项目数量少，且合作项目总体技术层次不高。一方面，广东省乃至全中国基础科学薄弱，缺乏原始创新，颠覆性技术和关键核心技术的研发很难取得突破，在战略性产业和支柱性产业中面临"卡脖子"难题，如芯片制造与研发领域。① 另一方面，对外由于发达国家设置科技壁垒，难以开展高新技术领域的合作，对内由于本土企业自主创新能力不足，无法满足产业升级的技术需求，使得广东与发达国家开展合作时，国际科技合作与国家的战略需求不能同步协调，核心技术的创新难以取得突破。

（2）国际科技合作高级管理人才缺乏。国际科技合作对项目管理者的素质要求较高，需要管理者不仅熟悉国际关系、国际法律、国际政治、对外贸易等专业知识，而且还精通相关外语、科技知识等专业知识。广东省与发达国家开展科技合作时，项目管理人才较为缺乏。

（3）尚未完善促进国际科技合作的政策法律体系。当前，中国的科技立法还不是很完善。从国家层面来看，还没有一部针对国际科技合作的法律，在涉及国际科技合作知识产权的保护和归属纠纷时，无法进行处理。而且，知识产权保护不完善使得发达国家企业在与我国合作时，不太愿意分享前沿技术，使得科技合作受到很大局限。只有进行科技合作的双方对技术和发明专利采取完善的知识产权保护措施，才能使合作双方顺利开展科技合作。

（4）民间组织与发达国家进行科技合作相对较弱。从组织管理的角度来看，广东省与发达国家的科技合作项目大部分都是政府主导的，由政府推动和支持，民间组织和推动的科技合作项目较少。广东省政府先后制定了《广东省中长期科学和技术发展规划纲要（2006—2020年）》《广东省科学和技术发展"十一五"规划》等文件和政策，推动科技合作发展。民间组织如一些科技协会虽然会与发达国家开展科技合作，但大都以参与的形式参加，主动性不强。

（5）广东省与发达国家开展科技合作的产业领域较为集中。

---

① 张双南：《中国科技创新的两个优势和两个短板》，见财新网（https：//zhishifenzi.blog.caixin.com/archives/177982）。

主要集中在产业技术层面，而对于经济社会发展具有重要推动作用的环境、医疗卫生等领域的合作还为数不多，广东省的科学家也较少参与这些领域的重大国际科学工程与合作。而从产业技术层次的角度来看，广东省与发达国家在第二产业工业科技方面的合作较为活跃，但在第一产业农业和第三产业现代服务业方面的合作较少。广东省经济以制造业和第三产业为主，能为制造业提供关键核心技术和零部件的科技合作还是较少。

（6）广东省与发达国家进行科技合作时，地域主要集中在广州、深圳两市，科技合作区域不平衡，地区创新能力也不平衡。广州和深圳两市集中了广东省80%的科技项目经费、80%的高新技术引进项目，而且大多数国际学术会议也在广州和深圳两市召开。广东省其他地区高新技术集群较少，引入跨国公司不多，关键核心技术仍然较为缺乏，高层次人才依旧紧缺。

6 广东与东盟科技合作及重点领域[①]

国际科技合作是国际交流的主要载体之一,也是中国与东盟合作的重要组成部分。科技合作已成为连接双方的重要纽带,是双方战略合作伙伴关系的重要体现。中国与东盟早在 1994 年就成立了科技联委会。自 2010 年中国—东盟自贸区启动以来,中国与东盟经贸交流迅速发展,科技合作也取得了显著成效。2012 年,中国与东盟正式启动了"中国—东盟科技伙伴计划",建立中国东盟技术转移中心,采取技术转移、合作研究等方式提供科技服务。

2013 年,中国提出"21 世纪海上丝绸之路"倡议,加快了中国与东盟的全方位合作,包括相互间的科技合作;海上丝绸之路倡议对中国与东盟国家在海洋科技、生态环境、信息科技产业、防灾减灾等领域的科技合作提出了要求。2015 年 3 月,国务院有关部门发布了《推动共建丝绸之路经济带和 21 世纪海上丝绸之路的愿景与行动》。其中,第四部分重点阐述了中国与东盟科技合作,提出通过共建联合实验室、国际技术转移中心、海上合作中心、促进科技人员交流等形式,提升科技创新能力。[②] 至今,中国—东盟技术转移中心分别与泰国、印度尼西亚、柬埔寨等国家建立了技术转移中心;基本上所有东盟国家都与中国落实了双边技术转移合作机

---

① 若未做特殊说明,本章所引用数据均来自世界银行公布的《世界发展指标》。

② 《授权发布:推动共建丝绸之路经济带和 21 世纪海上丝绸之路的愿景与行动》,见新华网(http://www.xinhuanet.com//world/2015－03－28/c_1114793986.htm)。

制,形成务实的工作局面。

2017年,中国启动的"一带一路"科技创新行动计划,主要开展科技人文交流、共建联合实验室、科技园区合作、技术转移4项行动。① 中国与东盟科技合作发起的主要展会为中国—东盟博览会(从2004年开始,至2020年年底已经举办了17届),尤其是中国—东盟博览会先进技术展和中国—东盟技术转移与创新合作大会(至2020年年底已经举办了6届)等,双方已形成多种形式的科技合作模式。

中国与东盟各成员国科技合作历史悠久,与大部分东盟成员国的科技合作从20世纪90年代就开始了,而与泰国、菲律宾等国家的科技合作甚至从20世纪70年代就开始了。中国与新加坡于1992年签订了《科技合作协定》,并于1993年建立中新科技合作机构,中新科技合作领域主要集中在电子、医药、石油勘探等行业。中国与泰国于1978年签订了《科技合作协定》。中国与马来西亚于1992年签署了《科技合作协定》;随后,又于2003年签署了《空间合作及和平利用外层空间的协定》。中国与菲律宾于1978年签订了《科技合作协定》;随后,于2001年签署了《信息产业合作备忘录》,两国主要合作行业为农林渔业、水利和轻纺制造业。中国与印度尼西亚于2013年签署了《关于探索与和平利用外层空间的合作协议》,并于2015年签署了《航天合作大纲》,航天领域成为两国科技合作发展的重要方向,不过两国现阶段主要合作领域为黄金开采、纺织业和高级冶金等行业。②

---

① 《贡献科技创新合作的"中国方案"》,载《科技日报》2017年9月15日。
② 吴春萌、白福臣:《硅谷创新成长模式对广东建设海上丝绸之路科技合作圈的启示》,载《广东海洋大学学报》2017年第5期,第68-74页。

6.1 东盟各国科技发展现状

与欧美发达国家相比,东盟各国属于"后进"国家,整体上,其在基础科学研究和核心技术研发能力方面仍然比较落后,在开展国际科技合作过程中只能对国际上已有的研究成果进行引进、消化、吸收和利用。此外,东盟内部各国之间经济实力悬殊、科技发展水平差距较大,从而导致各国科技需求不一,所采取和实施的科技合作和创新政策差别较大。在这种情况下,国家间跨国科技合作的作用难以最大化发挥,广东在与东盟开展科技合作过程中,要制定并执行兼顾各国利益的发展战略和政策是非常困难的。2010年,广东省委办公厅和省人民政府办公厅联合发布了《关于深化与东盟战略合作的指导意见》,提出了广东要借助"泛珠"平台积极实施"走出去"战略,抢抓中国—东盟自由贸易区建成的历史性机遇,深化与东盟战略合作,促进生产要素自由流动,全面对接中国—东盟自由贸易区的重要部署。① 因此,为全面评估东盟各国科技发展现状及方向,本节从东盟整体和各国的科技投入与产出情况进行分析,以期寻找中国与东盟各国科技合作的契合点。

6.1.1 东盟各国研发人员②密集度及其变动情况

1. 东盟各国 R&D 研究人员密集度

东盟各国 R&D 研究人员密集度差异较大。新加坡 R&D 研究人

---

① 《中共广东省委办公厅 广东省人民政府办公厅关于深化与东盟战略合作的指导意见》,见广东省人民政府外事办公室官网(http://www.gdfao.gd.gov.cn/Item/14310.aspx)。

② 根据《国家税务总局关于企业研究开发费用税前加计扣除政策有关问题的公告》(国家税务总局公告2015年第97号)规定,研究开发人员(研发人员)范围包括研究人员、技术人员、辅助人员。其中,研究人员是指主要从事研究开发项目的专业人员;技术人员是指在研究人员指导下参与研发工作的人员;辅助人员是指参与研究开发活动的技工。

员（每百万人）人数最高，2014年达6,729.68人（每百万人）。马来西亚、文莱、泰国2015年的数据分别为2,273.99人（每百万人）、1,459.48人（每百万人）和1,210.35人（每百万人）。以上各国数据均高于中国平均水平1,205.68人（每百万人）（2016年数据），但都远低于广东的7,878.06人（每百万人）（2017年数据）。（见表21）

表21 东盟各国R&D研究人员密集度及其与中国、广东省的比较

单位：人（每百万人）

国家或地区	新加坡	马来西亚	泰国	菲律宾	印度尼西亚	越南
年份	2014	2015	2015	2013	2009	2015
R&D研究人员	6,729.68	2,273.99	1,210.35	187.66	89.20	672.07
国家或地区	文莱	缅甸	柬埔寨	中国	广东省	
年份	2015	2017	2015	2016	2017	
R&D研究人员	1,459.48	15.29	30.37	1,205.68	7,878.06	

数据来源：世界银行公布的《世界发展指标》。

注：无老挝相关数据。

2. 东盟主要成员国1996—2015年R&D研究人员密集度变动情况

近20余年来，新加坡R&D研究人员数量稳步增长，从1996年的2,554.03人（每百万人）增长至2014年的6,729.68人（每百万人），增长了2.63倍。2008年之前，马来西亚R&D研究人员数量处于缓慢增长阶段，从1996年的90.09人（每百万人）增长至2008年的602.87人（每百万人），此后快速增长，至2015年达2273.99人（每百万人），7年间增长了3.77倍。泰国R&D研究人员数量增长情况与马来西亚类似，2009年前缓慢增长，从1996年

的 100.38 人（每百万人）增长至 2009 年的 328.94 人（每百万人），此后快速增长，至 2015 年达 1,210.35 人（每百万人）。菲律宾在 2011 年前也是缓慢增长，从 2003 年的 70.58 人（每百万人）增至 2011 年的 84.36 人（每百万人），然后快速增长至 2013 年的 187.66 人（每百万人）。近年来，文莱 R&D 研究人员数量快速增长，从 2000 年的 1,080.63 人（每百万人）增长至 2015 年的 1,459.48 人（每百万人）。

3. 东盟各国研发技术人员密集度

东盟各国每百万人中研发技术人员的数量也是差距明显。其中，新加坡和泰国领先于东盟各国，新加坡 2014 年达 457.08 人（每百万人），泰国 2015 年达 320.27 人（每百万人）。（见表 22）

表 22 东盟各国研发技术人员密集度

单位：人（每百万人）

国家	新加坡	马来西亚	泰国	菲律宾	越南	缅甸	柬埔寨
年份	2014	2014	2015	2013	2015	2002	2015
研发技术人员的数量	457.08	130.41	320.27	28.07	64.95	137.87	60.9

数据来源：世界银行公布的《世界发展指标》。
注：无印度尼西亚、文莱、老挝相关数据，缅甸数据可能不准确。

4. 东盟主要成员国 1996—2015 年研发技术人员密集度变动情况

从近 20 余年情况看，新加坡研发技术人员的数量先增后减，从 1996 年的 317.18 人（每百万人）增至 2008 年的 587.43 人（每百万人），然后再下降至 2010 年的 461.45 人（每百万人），随后平稳保持至 2014 年的 457.08 人（每百万人）。2009 年以前，马来西亚研发技术人员的数量平稳增长，从 1996 年的 31.16 人（每百万人）增至 2009 年的 71.96 人（每百万人），然后猛增至 2014 的 209.63 人（每百万人），再下降至 2015 年的 130.41 人（每百万人)。2014年以前,泰国研发技术人员的数量呈波浪式增长,从1996年的38.29人(每百万人)增至2014年的191.33人(每百万人),再猛增至2015年的320.27人(每百万人)。2011年以前,菲律宾研发技术人员的数量缓慢增长,从2003年的11.30人(每百万人)增至2011年的12.55人(每百万人),随后再猛增至2013年的28.07人(每百万人)。

6.1.2 东盟各国研发支出占GDP比重及其变动情况

东盟整体科技投入水平较低,研发支出占GDP比重最高的新加坡在2014年也只有2.16%,略高于同期世界平均水平2.12%和同期中国占比2.021%,但低于同期广东占比2.33%。东盟各国科技投入参差不齐,新加坡研发支出占比最高,其次为马来西亚,马来西亚2015年研发支出占GDP比重为1.301%。泰国、越南研发投入紧随其后,泰国2016年研发支出占GDP比重为0.781%,越南2015年研发支出占GDP比重为0.441%。其余东盟国家近年来研发支出占GDP比重均低于0.2%。(见表23)

表23 东盟各国研发支出占GDP比重及其与中国、广东省的比较

单位:%

国家或地区	新加坡	马来西亚	泰国	菲律宾	印度尼西亚	越南
年份	2014	2015	2016	2013	2013	2015
研发支出占比	2.16	1.301	0.781	0.138	0.085	0.441
国家或地区	文莱	缅甸	柬埔寨	中国	广东省	
年份	2004	2002	2015	2016	2016	
研发支出占比	0.037	0.162	0.118	2.108	2.52	

数据来源:世界银行公布的《世界发展指标》。
注:无老挝相关数据。

从近20余年的数据来看,新加坡研发支出占GDP比重先快速增长,然后缓慢增长,再缓慢下降至稳定状态,即从1996年的

1.318%快速增至2001年的2.201%,然后缓慢增长至2006年的2.133%,再快速增长2年,至2008年达到峰值2.621%,后又迅速下降至2010年的2.013%,然后保持平稳状态,2014年研发支出占GDP比重为2.16%。马来西亚研发支出占GDP比重呈现出稳定增长的状态,从1996年的0.216%增长至2015年的1.301%,翻了6倍。泰国研发支出占GDP比重变化趋势为,先跳跃式增长,然后保持平稳,再快速增长,即从1997年的0.102%跳跃至1999年的0.248%,此后11年保持平稳,至2009年占比为0.235%,此后便快速增长,2011年占比为0.361%,至2016年达0.781%。菲律宾研发支出占GDP比重一直处于较低水平,且保持平稳,从2002年的0.137%到2013年的0.138%,其间均为0.11%左右。印度尼西亚研发支出占GDP比重更是处于低水平状态,2000年占比为0.068%,2001年为0.048%,2009年为0.083%,2013年为0.085%。2011年以前,越南研发支出占GDP比重也是处于稳定的低水平状态,2002年为0.193%,2011年为0.19%,此后快速增长,至2015年达0.441%,4年翻了2.3倍。其余国家如文莱、缅甸和柬埔寨的数据较少,无法观察其变化趋势。

6.1.3 东盟各国科技产出情况

1. 东盟各国发表科技期刊文章[①]数量及其变动情况

东盟各成员国发表科技期刊文章数量整体较少。2016年,东盟各成员国合计发表科技期刊文章53,955.2篇,占全世界科技期刊文章数的2.35%,占中国科技期刊文章426,165.3篇的12.66%。东盟各成员国差距较大,马来西亚、新加坡、泰国、印度尼西亚属于第一梯队,科技期刊文章数量较多,越南、菲律宾处于第二梯队,而

---

① 科技期刊文章是指在以下领域发表的科学和工程类文章:物理、生物、化学、数学、临床医学、生物医学研究、工程和技术,以及地球和空间科学。

文莱、缅甸、柬埔寨、老挝属于较为落后的梯队。(见表24)

表24　2016年东盟各国发表科技期刊文章数量及其与中国的比较

单位：篇

国家	新加坡	马来西亚	泰国	菲律宾	印度尼西亚	越南
科技期刊论文数	11,253.8	20,331.5	9,581.5	1,568.7	7,728.7	2,961.3
国家	文莱	缅甸	柬埔寨	老挝	中国	—
科技期刊论文数	216.9	110.8	116.9	85.1	426,165.3	—

数据来源：世界银行公布的《世界发展指标》。

进入21世纪以来，新加坡科技期刊文章数先快速增长，从2003年的6,037篇增至2006年的8,204.6篇，然后缓慢增长，至2016年达11,253.8篇。马来西亚先缓慢增长后迅速增长，从2003年的1,741.1篇增至2007年3,903篇，然后迅速增至2011年14,003.8篇，再缓慢增长，至2016年达20,331.5篇。泰国、柬埔寨基本上属于匀速增长，泰国从2003年的2,260.3篇增至2016年的9,581.5篇，柬埔寨从2003年的25.3篇增至2016年的116.9篇。印度尼西亚、菲律宾、越南、文莱均为先缓慢增长，然后加速增长。印度尼西亚从2003年的361.9篇增至2016年的7,728.7篇，菲律宾从2003年的359.7篇增至2016年的1,568.7篇，越南从2003年的319篇增至2016年的2,961.3篇，文莱从2003年的34.8篇增至2016年的216.9篇。缅甸科技期刊文章数呈现出波浪式增长，从2003年的12.5篇增至2016年的110.8篇。而中国科技期刊文章数快速增长，从2003年的86,621.4篇增长至2016年的426,165.3篇，年均增长13.04%。

2. 东盟各国专利申请量及其变动情况

东盟整体专利申请量偏少。2017年，除了缅甸和柬埔寨外，东盟专利申请总量为44,131个①（居民申请专利6,968个，非居民申请专利37,163个），且非居民申请的专利数远大于居民申请的专利数。从世界范围看，东盟专利申请量占比也是很低，居民申请量和非居民申请量分别占世界总数的0.32%和4.52%（2017年，世界居民专利申请总数为2,161,610个，非居民专利申请总数为821,403个），也远低于中国居民和非居民的专利申请数1,245,709个和135,855个。东盟成员国中，新加坡专利申请量最多，2017年达10,930个，其主要来自非居民专利申请量9,321个。印度尼西亚的专利申请量排第二位，其居民申请专利数和非居民申请专利数分别为2,271个和7,032个。紧随其后的为泰国、马来西亚、越南、菲律宾等国家。（见表25）

表25 东盟各国专利申请量及其与中国的比较

单位：个

国家	新加坡	马来西亚	泰国	菲律宾	印度尼西亚	越南	文莱	柬埔寨	中国
年份	2017	2017	2017	2017	2017	2017	2014	2014	2017
专利数（居民）	1,609	1,166	979	323	2,271	592	26	2	1,245,709
专利数（非居民）	9,321	5,906	6,886	3,072	7,032	4,790	91（2017，99）	65	135,855
合计	10,930	7,072	7,865	3,395	9,303	5,382	117	67	1,381,564

数据来源：世界银行公布的《世界发展指标》。

注：无缅甸、老挝相关数据。

20世纪80年代，新加坡专利数为个位数，但进入90年代中期以后，新加坡居民申请专利数快速增长，从1995年的145个快速增长至2016年的1,601个，年均增长12.12%；20世纪80年代

---

① 文莱和柬埔寨的数据为2014年数据。

中期以前，新加坡非居民专利申请量均在1,000个以下，至1995年达2,412个，1996年猛增至12,357个，1997年猛降至6,048个，此后一直处于缓慢增长状态，至2017年达9,321个。印度尼西亚居民专利申请量在2014年前缓慢增长，从1980年的5个增长至1987年的62个，再缓慢增至2014年的702个，再猛增至2017年的2,271个；而印度尼西亚非居民专利申请量处于波浪式增长，从1980年的475个增长至2017年的7,032个，峰值为2016年的8,538个。1997年以前，泰国居民专利申请量缓慢增长，从1980年的13个增至1997年的246个，然后再波浪式迅速增长至2017年的979个，峰值为2013年的1,572个；泰国非居民专利申请量从1980年的202个迅速增长至1997年的5,148个，然后较为平稳地下降后上升至2008年5,839个，再突然跳水式下降至2010年的723个，2012年恢复到5,726个，至2017年为6,886个。马来西亚非居民专利申请量处于大幅波动状态，从1985年的1,329个下降至1986年的233个，再迅速增长至1997年的6,272个，随后较为平稳地波动到2005年的5,764个，再突然跳水式降至2007年的1,702个，2008年恢复到4,485个，再缓慢增长至2015年的6,455个，最后降至2017年的5,906个。

3. 东盟各国高科技出口贸易额及其占制成品的比重

高科技出口贸易额及其占制成品的比重能够较好地反映一个地区的对外科技优势。东盟高科技出口总贸易额为3,021.76亿美元[①]，小于2017年中国高科技出口贸易额5,043.81亿美元。新加坡为高科技第一出口国，2017年高科技出口贸易达1,361.61亿美元；越南、马来西亚、泰国、菲律宾等国比较接近，高科技出口贸易额处于320亿美元至530亿美元之间。从高科技出口贸易额占制成品比重看，菲律宾、新加坡等国高科技出口贸易额占制成品比重较大，印度尼西亚、缅甸和柬埔寨等国高科技出口贸易额占制成

---

① 各国数据年份不同，分布在2016—2018年。

品的比重较小。(见表26)

表26 东盟各国高科技出口贸易额、占制成品比重及其与中国、世界的比较

国家	新加坡	马来西亚	泰国	菲律宾	印度尼西亚	越南
年份	2017	2017	2016	2018	2018	2017
出口贸易额/亿美元	1,361.61	411.73	347.21	320.48	45.32	527.8
占制成品比重/%	49.17	28.15①	21.51	57.77	5.69	29.49
国家	缅甸	柬埔寨	老挝	文莱	中国	世界
年份	2017	2016	2016	2017	2017	2017
出口贸易额/亿美元	2.86	0.40	2.75	1.60	5,043.81	19,890
占制成品比重/%	6.08	0.43	9.49	29.90	23.81	16.13

数据来源：世界银行公布的《世界发展指标》。
①2000年数据为59.57%。

近40年来，新加坡高科技出口贸易额呈现出波浪式增长，从1989年的116.44亿美元增至2017年的1,361.61亿美元，但2005年出现过大幅下降，从2004年的942.25亿美元下降至2005年的390.78亿美元，于2007年才恢复到1,028.25亿美元。马来西亚高科技出口贸易额呈现出先增长后下降的趋势，从1988年的37.33亿美元增至2007年的652.24亿美元，此后下降至2017年的411.73亿美元。泰国高科技出口贸易额先匀速增长，然后保持平稳，即从1989年的21.32亿美元增至2010年的341.56亿美元，此后保持在340亿美元左右，至2016年为347.21亿美元。菲律宾高科技出口贸易额呈现出大幅波浪式增长，1991年至1995年缓慢增长，从20.04亿美元增至24.71亿美元；随后快速增长，至2000年达252.56亿美元，5年时间翻了10倍；此后又保持平稳，至2007年为295.26亿美元；受亚洲金融危机的严重影响，至2011年下降为129.49亿美元；此后再快速恢复到2017年的321.14亿美元。印度尼西亚高科技出口贸易额呈现出先上升后下降的趋势，

从 1989 年的 1.01 亿美元增至 2005 年的 66.71 亿美元，此后逐步下降，至 2018 年为 45.32 亿美元。2009 年之前，越南高科技出口贸易额缓慢地增长，从 1997 年的 0.06 亿美元增至 2000 年的 6.84 亿美元，再增至 2009 年的 21.01 亿美元，此后快速增至 2017 年的 527.8 亿美元。加入 WTO 以前，中国高科技出口贸易额增长缓慢，从 1992 年的 43.03 亿美元增至 2001 年的 495.1 亿美元；此后快速增长，至 2013 年达到峰值 5,600.58 亿美元；然后再缓慢下降到 2017 年的 5,043.81 亿美元。

6.2 广东与东盟科技合作的重点领域

广东积极参加各类中国与东盟的合作平台，并于 2018 年和广西东盟技术转移中心组织建立合作关系，强化与东盟国家的技术交流与合作。广东也积极举办各类科技展览以加强对外科技合作与交流，如华南国际口腔展等。近年来，广东与东盟在农业、渔业、海洋科技、新能源开发、生物制药、信息产业等领域开展了科技合作。但王瑞良等（2016）认为，广东与东盟科技合作主要集中在农业领域，在高新技术领域的合作较少。截至 2019 年，广东省农业科学院水稻研究机构与越南、泰国、柬埔寨、菲律宾等国的农业科研单位开展了密切的水稻科技合作。通过多种方式，推动水稻"三控"技术的优化版水稻低碳栽培；积极发展境外产业园区，如广东投资东盟的境外经贸合作园区，以产业集群的方式进行对外投资，包括越南·中国（海防—深圳）经贸合作区等。从中国与东盟联合发表科技论文的情况看，中国与东盟科技合作论文数量逐年增长，在化学、农学、高分子科学、计算机科学等领域均有分布。其中，与新加坡合著的论文数量最多，是马来西亚、印度尼西亚、菲律宾、泰国合计总数的两倍多。此外，广东政府从广东与东盟科技发展水平和双方科技合作的契合点出发，遵从优势互补原则，提出科技合作重点领域；从广东与东盟科技合作领域和双方贸易商品结构出发,依据中国与东盟科技合作计划、广东与东盟相互投资计划,参考东盟各国科技发展重点,提出广东与东盟科技合作的重点领域。

6.2.1 广东与东盟整体科技合作现状与计划

近年来,广东与东盟在农业科技、渔业科技、海洋科技、生物能源开发、生物医药、产能合作、新能源领域、信息科技产业、境内外合作产业园区建设等方面取得了新发展和新突破。① 根据东盟产业发展规划,广东与东盟产业科技合作的重点领域主要如下。

(1)农林业及矿业。东盟农业与林业部长会议(AMAF)制订了《农业及林业合作战略计划(2016—2025)》。东盟矿业部长会议制订了《东盟矿业合作行动计划(2016—2025)》,以增进矿产品贸易和投资,促进矿业可持续发展。②

(2)能源。东盟优先推进能够解决其能源体制问题的基础设施项目。东盟能源部长会议制订了《东盟能源合作行动计划》(APAEC 2016—2025),在七个领域深化合作:东盟电网、跨东盟天然气管道、煤炭和清洁煤技术、高效使用能源和节约能源、可再生能源、区域政策和规划、民用核能。③

(3)金融。2015年3月,东盟财长和央行行长召开了首次联合会议(AFMGM),加强区域宏观经济政策和金融一体化方面的合作。在今后的东盟经济共同体建设中,AFMGM将继续致力于制订2015年后东盟金融一体化计划,特别是在保险部门的进一步开放和五年行动计划的实施方面,提升区域资本市场的连通性,把金融包容性作为东盟金融合作的优先政策。④ 东盟互通建设项目具有

---

① 吴春萌、白福臣:《硅谷创新成长模式对广东建设海上丝绸之路科技合作圈的启示》,载《广东海洋大学学报》2017年第5期,第68-74页。
② 吴晓云:《形势与政策》,北京北京理工大学出版社2016年版。
③ 吴晓云:《形势与政策》,北京北京理工大学出版社2016年版。
④ 吴晓云:《形势与政策》,北京北京理工大学出版社2016年版。

多样化的融资平台,包括多边开发银行(如亚洲开发银行、世界银行和伊斯兰开发银行)等。但根据贷款机构、借款国的发展水平以及项目性质的类型,借款金额、借款方式会有所不同。同时,已经建成的一系列区域性和全球性基金(如区域合作和一体化基金等)也会成为东盟基础设施网络构建的融资平台。

6.2.2 广东与东盟成员国间的合作模式及重点领域

1. 科技合作模式

(1)广东与新加坡的科技合作模式主要为引进吸收和二次开发模式,即广东积极引进新加坡的先进技术行业,并进行吸收后再次开发。比较典型的区域有中新广州知识城,重点领域为电子信息技术、石化、生物医药、金融科技等。

(2)泰国、马来西亚、菲律宾和印度尼西亚已经进入工业化的中后期,在某些领域具有技术基础和优势,广东与以上这些国家之间适合开展技术联合开发模式,即相互学习现有技术,建立联合实验室或以其他形式开发新技术。重点科技合作领域为常规技术、基础技术和高新技术等。

(3)越南、老挝、柬埔寨、缅甸工业化较为落后,广东与这些国家的合作主要采取技术输出合作模式,重点在实用技术如制造业、农业等领域的科技合作。

2. 科技合作领域重点

东盟各国根据自身的发展情况在国际科技合作中各有侧重点。广东与东盟各国展开科技合作的重点领域如下:与新加坡开展电子工业、生物医药、精密工程和金融科技等方面的合作;与泰国开展农业、新能源(太阳能、风能、生物能)、基础设施(铁路、公路、港口、机场)等领域的科技合作;与马来西亚开展传统医药、数码经济、电子商务和物流等领域的科技合作;与菲律宾开展电子及电气、钢铁、机械、化工、运输设备、农业等领域的科技合作;与印度尼西亚开展农业、矿冶、电力、地产、家电与电子、数字经济等领域的科技合作；与越南开展能源、电力、交通运输、电子商务、工业科技园区建设等领域的科技合作；与文莱开展油气上下游产业、交通、通信、金融、清真食品、农渔业、数字经济等领域的科技合作；与缅甸开展电力、能源、港口等基础设施建设以及农业、轻工业、采矿业等领域的科技合作；与柬埔寨开展农业、制造业、信息、通信、金融、能源、重工业等领域的科技合作；与老挝开展农业、基础设施（尤其是电力）、制造业等领域的科技合作。（见表27）

表27　广东省与东盟各国科技合作重点领域

国家	重点发展科技领域
新加坡	电子工业、生物医药、精密工程和金融科技
泰国	农业、新能源（太阳能、风能、生物能）、基础设施（铁路、公路、港口、机场）
马来西亚	传统医药、数码经济、电子商务和物流
菲律宾	电子及电气、钢铁、机械、化工、运输设备、农业
印度尼西亚	农业、矿冶、电力、地产、家电与电子、数字经济
越南	能源、电力、交通运输、电子商务、工业科技园区建设
文莱	油气上下游产业、交通、通信、金融、清真食品、农渔业、数字经济
缅甸	电力、能源、港口等基础设施建设，农业，轻工业，采矿业
柬埔寨	农业、制造业、信息、通信、金融、能源、重工业
老挝	农业、基础设施（尤其是电力）、制造业

资料来源：笔者根据相关资料整理。

7 广东与海上丝绸之路沿线国家科技合作圈建设的挑战与突破点

广东在与海上丝绸之路沿线国家和地区进行科技合作的过程中，也存在着一些问题。本章提出这些问题并加以讨论，希望有助于广东国际科技合作的进一步开展，为科技管理部门的工作提供思路和参考。

7.1 广东与海上丝绸之路沿线国家科技合作存在的问题

7.1.1 与海上丝绸之路沿线国家国际科技合作的主动性不够

广东与海上丝绸之路沿线国家国际科技合作以被动合作为主，主要是外方提出合作意向，然后广东再联系相关合作机构和企业，而不是根据广东科技发展和产业转型升级的需要主动在国际上寻找合作对象。虽然广东已经建立了"国外高新技术发展跟踪系统"及相关数据库，但由于还没有形成"大国际科技合作"的格局，广东的科技管理部门、高校与科研机构、企业三者间没有形成联动机制，不能及时反馈科技合作需求信息，从而没有主动在海上丝绸之路沿线国家科技市场上寻找合作伙伴。此外，广东寻找国际科技合作机会的形式层级较低，以参观展会和论坛、一般性参观企业为主，相对缺乏对具体某项技术的针对性的深入了解。

7.1.2 企业对技术的吸收和转化不够

根据广东省科技统计分析中心的数据，广东规模以上工业企业消化吸收经费支出占技术引进经费支出的比重大多数在个位数或者百分之十几，只有2004年和2005年占比数据分别为32.13%、40.20%。其中，2017年广东规模以上工业企业消化吸收经费支出占技术引进经费支出的比重仅为4.12%，远低于该年全国企业技术消化吸收经费与企业技术引进经费之比29.7%。可见，广东企业注重引进技术，但吸收和转化技术的力度不够。其原因在于，广东属于外向型经济，注重短期获利，企业较多引进硬件，对软件的引进相对较少。从产业链的角度看，大多数广东高新技术企业主要承接欧洲、美国等发达国家的加工制造业，仍然处于产业链的中低端。若广东的企业不能对技术进行吸收和转化，将很难进行产业升级转型，何况核心技术更需要在吸收和转化的基础上进行自主研发。

7.1.3 知识产权保护执法力度有待提高

由于技术合作的对象都是新技术、新工艺和新发明，拥有者都希望防止技术泄露或者被侵权，从而达到经济效益最大化，因此技术合作的基础在于知识产权保护。虽然现在我国已有比较齐备的知识产权保护法律法规，如《中华人民共和国专利法》《中华人民共和国商标法》和《中华人民共和国著作权法》等，但广东知识产权保护执法力度仍有待进一步提高。执法力度不够造成了两方面的影响：一是由于广东知识产权保护制度不完善，导致对方在转让技术的时候存在疑虑，只进行有限的技术转让；二是对国际科技合作后的知识产权保护不力，当然，这其中也有广东企业对知识产权保护的认识还不到位等原因。

7.1.4 缺乏高素质国际科技合作人才

国际科技合作需要高素质的管理人才和专业技术人才。管理人才需要掌握外语、国际有关合作的法规制度，还需要了解和掌握技术的情况。专业技术人才需要掌握该项技术的国际前沿，并且能够在吸收国外技术的基础上进行自主创新。以上两类人才的素质要求高，从目前人才培养的体系看，只有跨专业学习的学生才能达到要求。

7.2 广东与海上丝绸之路沿线国家科技合作面临的挑战

7.2.1 广东与发达国家科技合作面临的挑战

至2019年，中国已经与161个国家和地区建立了科技合作关系，签订了114个政府间的科技合作协定，加入了涉及科技的200多个国际组织和多边机制。[①] 与发达国家进行国际科技合作是中国科技合作的重点领域和方向，但仍然存在诸多挑战。这些挑战体现在力量平衡和规则两个方面，中国不是在挑战现有的国际规则，而是加入其中，试图构建更加公平合理的全球规则体系和经济治理体系。发达国家具备经济和科技优势，通过推出新的战略举措吸引发展中国家的人才资源大量集聚，从而从发展中国家获得研究开发所必需的自然资源，以及其他方面的研究环境与条件。

中国是当前全球少数能够在技术上和发达国家同台竞技的发展中国家，而大多数发展中国家因为对技术路径的依赖，本国工业发展对发达国家技术和市场的依赖程度越来越深。从2010年开始，

---

① 佘惠敏：《我国与161个国家和地区建立科技合作关系 基本形成"一带一路"技术转移网络》，载《经济日报》2020年11月12日。

中国发明专利的申请数量已经连续 7 年全球第一、研发人员数量位居全球第一。2018 年，中国 PCT 专利申请量居世界第二位，是第一位美国的 95% 左右，而在 2000 年，中国 PCT 专利数量只有美国的 2%。从企业科技实力提升的角度看，2018 年，华为 PCT 的专利申请量全球第一，其中有三成是 5G 专利。截至 2019 年年末，中兴通讯累计获得授权专利超过 3.6 万件以上，其中，5G 领域专利 3700 件以上。① 面对中国科技实力的崛起，部分发达国家技术出口管制政策使得中国国际科技合作和研究受到限制。国际合作新趋势对广东政府发挥作用、创立科技体制和环境以及产业研发提出了新挑战。

当前，广东高新技术产业发展受限并不是科技创新能力问题，而是外来市场挤占带来的"软"约束，加大了广东开展国际科技合作的困难。广东在全球高新技术产业链中处于重要地位，在全球价值链分工合作的大环境下，全球高新技术产业链是相互依存、分工合作的关系。以电子信息制造业为例，全球总的分工格局主要是美国从事关键核心技术研发和高端产品制造，日本和韩国等国家从事中高端产品研发和生产，中国等发展中国家从事组装加工和制造。国家间技术壁垒的存在会阻碍高新技术产业链上、中、下游的国家产品生产和产业结构升级，对全球经济产生重大影响。

电子信息产业在广东经济尤其是在高新技术产业中占有极其重要的地位。根据《广东统计年鉴（2017）》的数据，广东规模以上电子及通信设备制造业和电子计算机及办公设备制造业工业增加值分别为 7,954.49 亿元、573.46 亿元，占高新技术制造业工业增加值 9,507.81 亿元的 83.66%、6.03%，合计占比 89.69%。而规模以上电子及通信设备制造业占广东规模以上工业增加值的比重也达到了 25.37%。与发达国家科技合作面临的国际挑战，对广东信息

---

① 卞永祖：《中美贸易冲突的根源是什么？》，见今日中国网（http://www.chinatoday.com.cn/zw2018/bktg/201906/t20190605_800169889.html）。

技术行业的经济影响较大，直接影响到广东对外经济贸易的形势。

7.2.2 粤港澳大湾区科技合作圈建设面临的挑战

粤港澳大湾区科技合作圈经过建设尽管成绩显著，但相比旧金山湾区、纽约湾区等世界级湾区，还存在一些短板。主要表现在以下两个方面：一是粤港澳大湾区内部的区域协同创新水平有待提高，国际科创资源集聚效应尚未形成，符合科技创新规律的创新生态体系仍不完备；二是粤港澳大湾区高新企业面临的"关键核心技术'卡脖子'"难题，如何实现基础理论到科技创新的"0"到"1"的突破，如何打赢"核心技术攻坚战"，成了当前大湾区科技合作圈建设的又一挑战。

目前，粤港澳大湾区内部符合科技创新规律的创新生态体系仍不完备。

第一，粤港澳三地间的行政统筹协调能力弱，缺乏高效的合作协调机制。大湾区科技合作圈建设面临的最现实的问题是三地不同的制度框架。社会制度的不同造成粤港澳大湾区在行政管理体制、社会管理模式、法律和司法制度等方面有诸多差异。粤港澳大湾区是"一国两制"的特殊湾区，粤港澳同属中国，但广东九市实行社会主义制度，香港和澳门是特别行政区，实行资本主义制度，三地分属不同的法域和关税区，这造成三地在经济治理的自由度和主动权方面也不同。三地在经济社会制度和体制上的根源性差异是粤港澳大湾区科技创新合作最大的挑战，这也是相关的"纲要"和"意见"等发展政策把体制和制度创新摆在重要位置的原因。

由制度和体制的根源性差异衍生出其他方面的差异，也都成为粤港澳大湾区科技创新合作的隐形障碍和挑战。在经济社会治理理念差异方面，香港、澳门特别行政区实行的自由市场经济，特区政府对经济发展实行不积极政策，成为"有限政府"；广东实行的是中国特色社会主义市场经济，政府对经济发展实施积极的宏观调控政策。因而在经济发展政策制定上，中央和广东省政府的主动性和连续性比香港、澳门特别行政区政府更强，使得港澳科技要素进入大湾区九市的便利性不断提高，而九市的科技要素流入港澳两地仍然存在许多无形障碍，形成科技要素"单向流动"的格局。这不利于国际高端资源集聚，也不利于粤港澳大湾区建成国际化创新平台。

不同主体的利益诉求不同。粤港澳同是直属中央政府管辖，其行政地位属于同级，相互之间的行政统筹协调能力弱。目前实行的高层联席会议和专项负责小组主要由港澳广深四个城市参与，对其他地市的辐射不足。四地各有瓶颈：香港的创新机构和人才主要集中在高校，制造业空心化限制了科技创新成果的市场转化能力；深圳的市场转化能力强，但原创能力却弱于香港；广州的创新在机制体制上受到限制；澳门的体量比较小。由于行政体制不同，政府业绩的考核方法不同，大湾区内各地发展意图和利益也有冲突。两区九市如何扬长避短实行差异化发展、如何形成更完整的产业链条、如何更好地统筹协调发展成为一个科技利益共同体，也是一大挑战。

自2003年粤港澳三地启动《关于建立更紧密经贸关系的安排》（CEPA）及签署有关系列补充协议以来，经过10多年的发展，粤港澳已逐渐形成以广东省科学技术厅、香港特别行政区政府科技创新署、澳门特别行政区科技委员会等政府部门为主导的科技创新协调机制。然而，粤港澳三地产业间的分工协作不明确，各地在产业链中的定位不清晰，同产业间的过度竞争仍然存在，资源配置不能达到最优。广东的科技创新水平经过改革开放40多年的发展，与港澳的实力旗鼓相当，现阶段更需要完善各企业之间、各行业协会间、非政府组织的研究机构间等市场主体创新协调机制，实现"政府搭台，企业唱戏"的全面创新协调机制。在以政府为主导的协调机制中，已形成的CEPA（2003年）及其系列协议、《粤港合作框架协议》（2010年）和《粤澳合作框架协议》（2011年）等都是以广东为中间纽带的协调机制，这种平面协调机制必然降低三地在科技创新方面的协调效率。现阶段需要建立粤港澳三地一体的立体协调机制，才能更高效地解决在新的创新环境中出现的各种问题。

第二，大湾区内的企业自主创新能力滞后，亟待提高。粤港澳大湾区总体创新能力还是弱于世界其他三大湾区。从宏观层面看，根据《2017年全球创新指数报告（GII）》的数据，香港的全球创新指数排名是第16位，低于东京湾区的第14位和旧金山湾区、纽约湾区的第4位；粤港澳大湾区的全球百强创新机构数量只有1家，与纽约湾区持平，但显著低于旧金山湾区的8家和东京湾区的20家；粤港澳大湾区的世界500强企业总部数量是21家，低于旧金山湾区的24家、纽约湾区的29家和东京湾区的60家；粤港澳大湾区的世界百强大学数量是4所，小幅高于旧金山湾区的3所和东京湾区、纽约湾区的2所；粤港澳大湾区的发明专利总量是25.8万件，明显高于东京湾区的13.91万件、旧金山湾区的5.44万件和纽约湾区的3.96万件。

从微观层面看，粤港澳企业自主创新能力滞后于世界产业格局变化，大多数企业并未掌握产业核心技术，仍处于产业链的中低端，在世界经济竞争中常在核心技术上被"卡脖子"。一方面，多数大型企业缺乏前瞻战略，只顾发展企业的规模，过多考虑企业眼前的规模经济利益，错失抢占产业链制高点的黄金时期。只有少数企业具有超前战略眼光和超强执行力。例如，华为成功研发麒麟芯片和鸿蒙操作系统，取得5G信息产业的国际领先地位，在国际竞争中不被技术强国"卡脖子"。大湾区亟须涌现更多像华为这样的自主创新能力强的企业。另一方面，多数中小微企业仍停留在引进而不消化、模仿而不创新的阶段，缺乏工匠精神，不敢把配件产业做精做强，不能把小企业做成行业"隐形冠军"。东莞市的南兴装备股份有限公司（以下简称"南兴装备"）目前是中国板式家具设备的冠军企业。南兴装备成立于1996年，在起步阶段以模仿创新为主，通过学习德国豪迈等国际一流板式家具设备企业的技术和工艺，并进行本土化创新，推出更具性价比的产品，赢得国内客户的认可，实现进口产品替代。大湾区需要更多的"隐形冠军"企业，才能成功实现产业转型升级，在国际竞争中立于不败之地。

第三，大湾区三地的科技要素流动不畅，国际科创资源集聚效应尚未形成。粤港澳三地虽同属一国，但实行两种社会制度，分属三个不同关税区，在经济、科创活动中依据的政策、法律和行政体系不同，导致科技人才、科研经费、商业资金、专用设备等科技要素流动不畅，科技资源整合的效率不高。

在科技人才流动方面，2019年年初，广东启动粤港澳大湾区科技创新行动计划，试行高校、科研机构和企业科技人员按需办理往来港澳有效期3年的多次商务签注，企业商务签注备案不受纳税额限制。① 该政策在较大程度上促进了科技人才的流动，但适用人员范围还需要进一步扩大到管理咨询、创投和法律等科技创新服务行业，与之配套的科技人才信用体系、资格职称互评互认和异地住房安居等问题还没有完善的政策。

在商业资金跨境流动方面，央行发布的《关于非银行支付机构开展大额交易报告工作有关要求的通知》要求：2019年1月1日起，当日单笔或者累计交易额人民币5万元以上（含5万元）、外币等值1万美元以上（含1万美元）的现金收支，非自然人客户支付账户与其他账户发生当日单笔或者累计交易额人民币200万元以上（含200万元）、外币等值20万美元以上（含20万美元）的款项划转都要提前报备。② 这些反洗钱措施对合法的商业资金流动造成了客观的阻碍。

在科研经费流动方面，2019年1月，广东省政府出台1号文《关于进一步促进科技创新的若干政策措施》，新政提出支持港澳

---

① 任先博、徐劲聪：《珠三角试行技术移民制度》，载《南方都市报》2019年1月8日。
② 《央行发布〈关于非银行支付机构开展大额交易报告工作有关要求的通知〉》，见搜狐网（https://www.sohu.com/a/239713028_726972）。

高校、科研机构牵头或独立申报广东省科技计划项目,建立广东财政科研资金跨境港澳使用机制,并允许项目资金直接拨付至港澳两地牵头或参与单位。① 此新政促进广东科研经费流入港澳两地,但在科研经费使用的会计记账准则、资金使用凭证、不同货币类型使用、经费管理机构等方面仍需要更完善、可执行的制度。同时,港澳两地的科研经费如何顺利进入广东合法合理使用等问题也需要出台相关政策制度。只有涉及科技要素流动的不同方面、不同环节的相关政策和实施制度完善成熟后,科技资源的整合才能实现 $1+1+1>3$ 的效果。

第四,湾区内知识产权保护缺乏制度性合作机制,知识产权服务创新驱动乏力。2019年2月18日,中共中央、国务院印发的《粤港澳大湾区发展规划纲要》,明确提出建设"广州—深圳—香港—澳门"科技创新走廊,要求强化知识产权保护以优化区域创新环境,提出依托粤港澳及泛珠三角区域知识产权合作机制,全面加强粤港澳大湾区在知识产权保护、专业人才培养等领域的合作。② 知识产权保护是科技创新的重要保障制度,然而,粤港澳在知识产权保护合作方面还存在诸多问题。知识产权制度上存在的差异成为影响粤港澳知识产权保护合作的制度性阻碍,比如在确权制度上,粤港澳在知识产权的权利授予条件和授予程序等方面存在差异。知识产权保护方式上的差异成为粤港澳三地知识产权保护对接的阻碍。我国内地实行知识产权司法保护和行政保护的双轨制,知识产权侵权可以通过司法途径解决,当侵犯知识产权的行为危害公共利益时,知识产权行政执法可以介入以维护市场竞争秩序而在香港地区,知识产权侵权则一般通过司法途径,以禁令、损害赔偿等

---

① 《广东省人民政府印发〈关于进一步促进科技创新若干政策措施〉的通知》,见广东省人民政府网(http://www.gd.gov.cn/zwgk/wjk/qbwj/yf/content/post_1054700.html)。

② 《中共中央 国务院印发〈粤港澳大湾区发展规划纲要〉》,见中国政府网(http://www.gov.cn/gongbao/content/2019/content_5370836.htm)。

方式获得救济。在知识产权金融服务方面，由于相关的中介服务机构匮乏，跨界专业人才培养不足，使得知识产权在评估、交易、担保、拍卖及信息服务等知识产权金融服务市场遇到难题，各类知识产权金融平台存在质押处置率低、使用效益不高的现象，缺乏高效的知识产权金融专业化服务，无法对粤港澳大湾区重点发展的产业提供集中、高效和便捷的知识产权金融咨询建议和服务。

7.3 广东与海上丝绸之路沿线国家科技合作圈建设的突破点及着力点

习近平总书记于2013年10月首次提出共建"21世纪海上丝绸之路"倡议，海上丝绸之路从我国福建省泉州出发，途经广东、广西、海南，往南穿越马六甲海峡，经过马来西亚往西至印度、斯里兰卡等印度洋国家，再向西延伸至非洲肯尼亚，经红海进入欧洲，与意大利的威尼斯连起来，区域主要包括东南亚、印度洋、海湾和中亚地区。目前，广东与海上丝绸之路沿线国家的国际科技合作主要集中在部分国家和地区。国际科技合作领域主要集中在产业技术层面，而对航天技术、军事、能源、资源、环境、卫生等涉及国家安全和民生领域的国际合作和基础研究合作还非常薄弱，严重制约着广东与海上丝绸之路沿线国家国际科技合作圈的建设。

沿线各国内部政治经济形势复杂，社会制度、宗教信仰、文化习俗不尽相同，广东在对外科技合作过程中既存在机遇又面临挑战。由于国家利益、国家产业链安全等诸多因素交织影响，中国"海上丝绸之路"的构想并不能被沿线所有国家所接纳，部分国家表达出观望的态度。广东作为"海上丝绸之路"计划的重要节点，与邻邦各国的科技合作自然也受到一定程度的制约，这使得广东在与其进行深入的科技合作与交流时，容易面临更多的阻碍与反对。对"海上丝绸之路"构想完全支持的国家，如斯里兰卡、马尔代夫、海湾国家、中亚五国及部分东南亚国家，在合作议题的推进上，鲜少受到国民与政府的质疑，并表现出较高的接受度与意愿。此外，广东缺乏与沿线国家多层面的跨区域科技合作协调机制，与沿线国家间、区域间、城市间深层科技合作机制建设相对滞后。[①] 当前，广东与东盟国家建立了较为多样化的交流合作机制和平台，但与南亚、中东、北非国家建立的规范化经贸合作和科技合作机制比较欠缺，这进一步导致广东与这些区域国家具体的科技项目合作、产业合作难以落地，严重影响科技合作效率及质量。在这样的背景下，广东如何把握与沿线国家科技合作圈的着力点和突破点、创新与沿线国家科技合作的内涵与模式显得尤为重要。

7.3.1 科技合作圈建设的突破点

面对海上丝绸之路沿线国家的不同态度，作为国际科技合作圈建设前沿的广东，应担负起创新、改革的重任。根据综合创新能力指数和人均 GDP 两个指标，可以将世界各国划分为创新型国家和非创新型国家两类。其中，创新型国家主要是指创新综合指数明显高于其他国家、科技进步贡献率在 70% 以上、研发投入占比一般在 2% 以上、对外技术依存度指标一般在 30% 以下的国家。目前，全球共有 20 个左右的创新型国家，这些国家包括美国、日本、英国、德国、法国、意大利、荷兰、比利时、爱尔兰、西班牙、奥地利、瑞典、芬兰、丹麦、韩国、加拿大、俄罗斯、新西兰、新加坡、瑞士、冰岛等。[②] 而海上丝绸之路沿线国家都不在创新型国家之列。因此，广东作为我国创新创意大省，在与海上丝绸之路沿线国家合作时，更需要以领导者的角色，带动沿线国家深化合作。

创新能力是国家前进成长的动力，也是适应当前国际形势最具

---

① 向晓梅：《广东与 21 世纪海上丝绸之路主要国家（地区）经贸合作的新内涵与新模式》，载《华南师范大学学报》（社会科学版）2016 年第 3 期，第 23－27、191 页。
② 王少雨：《湖北—欧盟科技合作研究》（学位论文），华中师范大学 2007 年。

战略意义的必然选择。中国—东盟自由贸易区、广东自贸试验区的设立，将广东与海上丝绸之路沿线国家的合作推上了新的高度。选择广东参与海上丝绸之路沿线国家科技合作，坚持与鼓励本省具有竞争力的专家与研究机构投入其中，将发挥 1+1>2 的动力作用。因此，广东必须以更开放、更包容的态度，接纳与海上丝绸之路沿线国家新的合作模式。海上丝绸之路所涉及的国家与地区繁多，广东与其进行的科技合作必须建构在以下基本原则之上。

（1）全方位、多渠道寻求合作关系并主动联合其他国家，讲究诚信、互惠原则。

（2）把握好各领域的发展方向与对方需求，并且客观展现我方实力与条件，寻求最佳合作模式。

（3）建立品牌自信心，我国也是科技创新大国，可适度让利，但不容他国豪取挑衅。

（4）适时注意国家政策与战略方向，寻求政府支持。

就广东而言，落实科技合作的举措建议如下。

（1）设立科技合作的非政府组织与管理规范。为落实广东与海上丝绸之路沿线国家的科技交流和学术发展，广东省政府可鼓励并支持设立非政府组织与管理规范。官方合作目前仍存在许多变数与不确定因素，民间合作、政府支持有助于合作的进行，同时方便广东与多方针对合作研究议题的拟定与管理规范进行协商，如经费来源与补贴、进度控管、论文与成果发表、专利申请、技术转移等都需要建立在平等互惠的合作基础之上。

（2）设立学术合作基金。在全球化的背景下，各国都积极推动跨国、跨区域的科技学术交流项目，以求在科技发展上能拔得头筹。各国科技合作与发展，往往需要人才、资金、政策等要素的支持。广东对各国科技和学术人才的互补及合作需要进行深入的交流与探索。目前，更多的合作方式仍停留在小范围、个案的模式，多半由民间组织执行，而不是由政府推动与订立合作协议，造成广东与各国之间的合作产生诸多不便与摩擦。其中包括，一些研究人员在申报有关双方合作的经费（如差旅、人事费用等）时，通常必须从个人研究经费中支出，从而导致研究人员对双方合作所带来的出访、科研交流等的意愿的降低。因此，建议广东应设立海上丝绸之路科研合作研究基金，专款专项用以促进双方合作强度与意愿，降低各国科研人员来华门槛，加大经费支持的力度，并协办不同层级的科学合作研讨会或会议。

（3）创建协商与沟通平台。对于沿线国家，无论其是否支持"海上丝绸之路"计划，为避免各国内部各方的疑义，可由广东省政府协办民间团体或协会双方作为交流窗口，专责安排双方科技主管及专家进行业务合作与协商，包括定期邀请专家学者来华交流与参加研讨会、创办资讯交流平台、强化共同合作研究计划。目前，在多方合作开展之后的考核工作、争端处理、知识产权分享与管理等方面，尚未有明确的规定。因此，鉴于目前的国际情势，由官方允许的民间组织进行合作规范与规章的制定，将有助于日后的官方合作与协商，并且能避免执行后的困扰，如专利问题、授权比重、利益分配等。

（4）规范合作模式与书面呈现并照会参与国。国际科技合作在推进过程中，可能会因为国家间文化、法律或国家政策等因素的差异，使得谈判和合作议题最终流于形式。相较于大部分海上丝绸之路沿线国家而言，我国是科技创新领先国，同时，广东更是我国孕育新兴产业的重要孵化基地，国际合作模式更应朝着国际规范与准则前进。对于国际交流合作，需要以规范的书面协议与会议记录方式留存，以避免后续不必要的争端，如当合作机构涉及预算使用时，如果缺乏双方彼此认定、可依据的准则，则会给之后的计划执行带来矛盾与纷争。换句话说，当项目进行时，若合作计划能巨细无遗地呈现并书面留底，如果发生发表论文、申请专利、营亏等管理理念的争议，双方就会有所依据。

（5）鼓励举办或参与国际型学术会议或会展，深入开展交流。一般而言，某一领域的国际型学术会议都会吸引高端学者、科学家或研究员参加。借助这一平台，促进海上丝绸之路沿线各国相关领域学者建立合作关系。依托这样的联系共同合作申报或参与广东省的"海丝"科技合作项目，可以加速、加深广东省与海上丝绸之路沿线各国的交流。同时，申报书可专门立项，或规定必须由"海丝"专家学者共同参与申报经费等，由此加大加强双方的合作意向。

（6）建立第三方学术专家审查委托机制。学术计划在申请与成果验收时都需要该领域的专家学者进行评量，而此评量必须建立在公平、公正、公开的基础上。审批这些专业的申请需要很多专家学者的参与，尤其是较为冷门的领域，往往能评鉴的专家学者就更加稀缺，有可能导致部分立项项目沦为少数人掌控的资源。因此，为提高申报的质与量，应邀请国外专家学者参与审核。所以在进行科技合作的同时，广东省"海丝"学术审查的平台建立、人才库的扩充将有利于我国整体学术水平的提升，也更容易获得国际的正面评价。

（7）促进多语种专有名词编订合作机制。虽然世界主要通用语言为英语，很多专有名词也源自英语，但是如东南亚、印度洋、中亚等国家，多为非英语系国家。基于对各国文化、文字的尊重，两国之间的文件签署、专业著作、产品标识等相关文字的使用，除了中、英文外，应遵从对方国家官方文字要求进行编译。除此之外，对于他国文化、宗教、风俗方面的禁忌，应制作相应的文宣、手册等发放使用，避免两国企业在协商交流时产生文化冲突。对于科研能力、经费有限的国家，当地在编写本国的科研期刊或书报时，会面临经验或经费不足、流通有限、研究成果散布的功效不佳等问题，普通民众无法获得科研合作成果的相关资讯，会造成认知的断层，降低当地民众对两国科技合作的期待与意愿。因此，应该设立文化交流专项经费，支持或协助海上丝绸之路沿线各国与我国科技合作的文教宣传，以提高民众的支持率。

（8）订立简化科技合作交流的经费申请与补贴办法。各国对科研经费的申请，都有自己制定的方式与标准，各国科研人才对我国科研经费的申请大多也是一知半解。因此，须简化我国科研经费申请途径，为海上丝绸之路沿线各国优秀科研人员开启绿色通道。对于来华投资、合作的企业，提供天使资金或是优利贷款，加大来华企业投资的意愿。若华商在海上丝绸之路沿线国家进行投资，也为其提供较优惠的融资与畅通的汇兑渠道，解决境外企业资金调度普遍困难的窘境。

（9）建立科技学术研究共享平台合作模式。建立双边研究资源平台共享合作，如我国在海上丝绸之路沿线各国的研究机构，成立技术交换中心或分享平台，减少资源的浪费，进行生物标本互换，科仪设备互享、租用，量测资料共享等。又如各国海洋资源调查，若能即时共享，则可以避免重复监测，减少人力物力浪费。双边互设科学事务官方或非官方常驻代表，于当地设立办事处或联系单位，以便于加强广东与海上丝绸之路沿线各国的交流合作，以及协助双方科研人员对政府事务的协调与沟通。如双方都有众多的学者与学生在两地研究与就学，常驻代表可以就近协助与照顾本国人民，进而提高两地科研人员的留学与交流意愿。

（10）选择优先主题交流。广东为我国制造业大省，在产业链上，已初步形成纺织服装、食品饮料、建筑材料、家具制造、家用电器、金属制品、轻工造纸及中成药制造8个行业重点集群。在合作领域，广东与海上丝绸之路沿线各国选择优先主题交流。其中，在纺织服装领域，广东的许多纺织服装产业已逐渐移往东南亚各国，纺织服装领域正走向高端材料、新设计突破，广东掌握了许多关键技术与经验，可以利用此优势开展服装材料、设备产品方面的合作。在食品饮料领域，双方可加强食品加工、冷冻保鲜技术方面的合作。在建筑材料领域，双方可加强土木工程、建筑设计、建材设备等方面的合作。在家具制造领域，双方可加强家具设计、木材加工、雕塑机具等方面的合作。广东的家用电器制造一直为本省制造业强项，在交流合作上涉及电子组装、流水线管理、设备仪器等方面。在金属制品领域，双方可以在装配、维修、替换设备等方面进行合作。在轻工造纸领域，双方在设备、技术、机具等方面可以增进合作。在中成药制造领域，则可以在选取药材、精炼技术、配置配方等方面进行合作。

对于科技合作，大学也是重要的技术交流平台，交流互访、共同分享资源与教学合作，能将双方学校的学术水平提升到更高的层次。双方学校之间可以通过创新育成、产学合作、文化交流、资讯共享增进校际的交流；更进一步，通过师生的交换计划，开展更深入的国际科技合作。

7.3.2 科技合作圈建设的着力点

在信息技术快速发展的时代，广东经济的发展仍应以中心带动周边为发展战略，通过主要中心城市的快速建设，来推动附近地区的经济水平实现稳步提升。为了配合与联动战略目标，必须从更高的视角来对广东境内城市进行合理配置，降低产业重复率，依据各地经济特色及属性发展自己的优势产业，以此来促进广东在全省范围内达到均衡化发展的整体目标。

（1）深圳、广州、东莞、佛山、中山、珠海等沿海城市联合港澳组成前海湾、大鹏湾、大亚湾等形成经济一体化。广东各城市区域在发展中，建港条件优越，海洋、农业资源丰富，深具海洋战略意义。同时，广东地袤广大，具有丰富的油气资源，有广阔的工业发展潜力。广东应提高开放程度，借由本地资源，引进新技术和新经验，促进同珠三角地区之间的联系与交流。广东在产业、技术、资源等多个方面，应加强政策指导和引领，实行更加优惠的政策，吸引国内外企业前来投资；倡导支柱型产业、高新技术型产业以及现代服务型产业三者之间实现协同共进；强化中心城市功能，如打造广州和深圳成为金融中心、创新中心等。

（2）地方政府需要对产业结构进行优化改善，审视各地产业定位与布局。深圳、广州正朝着高端服务型都市的发展方向迈进，根据产业规划与发展的思路,建设以资讯、金融、物流集群为主的现代化城市,并以深广、多元且丰富的制造业和工业为基础,沿着高端服务业建设之路,强化交通、通信等基础建设与开发,考虑周边城市的协同与联动效应,推动与周边城市之间更加专业的市场细分与合作共进,提高产业优化的实力与价值。

(3)借力广东自贸试验区,加大对外开放力度。广东各城市需要从经济、科技、社会、文化等领域与国内外城市积极合作,引进高端制造业与服务业,优化城市金融生态环境,从而打造出更加和谐美好、公正法治的市场竞争氛围;降低企业投资门槛,增加开放力度,扩大招商力度与条件,引进资金与技术,优化广东境内的投资环境,加强投资保护意识,强调守法与执法要求,打造更具开放性和自由性的符合时代发展需求的现代化的市场体系;吸引港澳台经济辐射和产业转移,整合各种资源,将自贸区联动广东成为现代产业示范基地和外向型加工贸易基地,大力打通出海的门户和通道。

(4)建立与维护基础设施,营造出更合时宜的投资环境。广东要大力推动铁、公、机、港四者之间的联动合作,加大港口、航运等吞吐量与服务能力,便利化转运功能;改善市际之间基础建设差异,改善软硬体设施,有力地保证区域内所有城市之间都能够实现协同共进的发展目标;对欠发达地区进行经济与技术扶持,引进优势产业并提供政策支持,推进城市化建设。

(5)对接历史际遇,强化"一带一路"合作。《广东参与建设"一带一路"的实施方案》指出,要把广东建设成"一带一路"倡议的关键枢纽、经济贸易往来的重点合作地区以及推动经济发展再上新层次的关键引擎。[①] 在具体策略上,要开展与沿线国家和地区的旅游、金融、文化合作,紧紧地抓住"21 世纪海上丝绸之路"

---

① 《广东发布参与建设"一带一路"实施方案》,见搜狐网(https://www.sohu.com/a/17592815_123753)。

这一难得的机遇，不断促进广东范围内的各大城市积极与"一带一路"沿线国家开展更加广泛而深入的经济贸易往来。

（6）提高民众的生活质量与民生所需。从研究结果得知，民生基础条件也是都市现代化发展的重要元素之一，提高民众收入，建设完善的教育、医疗体系，将有助于提高民众对于城市的凝聚力。高教育水平也会让城市发展朝着高质量的方向前进。总体来看，为了有效促进广东整体经济发展水平的提高，必须要有全盘性的计划投入和扶持措施，要有强有力的协调机构，这样一来就离不开各地市政府的齐心协力、全方位部署，促进广东都市健全发展。

8 加快广东与海上丝绸之路沿线国家科技合作圈建设的对策

8.1 加强广东与发达国家科技合作

科技日益成为推动国家经济社会发展的重要力量。与发达国家开展科技合作已经成为国家利益和安全的重要组成部分，科技合作政策也与外交政策等结合在一起，成为国家对外开放政策之一。与发达国家开展科技合作还能提高本国技术能力和国际竞争力，并能利用全球的科技资源为企业转型升级提供支持。为突破核心技术"卡脖子"难题，应从内外两个方面入手，即一方面仍然继续积极开展国际科技合作，另一方面坚持自主创新为主的道路，为科技研发创造优良的环境，促进科技成果转化。为了摆脱以往核心技术实现路径摇摆不定的情况，需要明确哪些技术可以引进后消化吸收，哪些技术必须走自主创新的道路。

8.1.1 广东与发达国家科技合作的思路与方式

1. 加强广东与发达国家科技合作的思路

广东与发达国家科技合作需要结合广东经济社会发展的需要，促进产业结构的转型升级，进而推进社会经济的高质量发展。总体上来说，与发达国家展开科技合作的思路是，以提高广东省科技竞争力和自主创新能力为总体目标，面向经济社会高质量发展的需要，统筹好国内国际两种科技资源，以引进、消化、吸收、开发为主，为广东所用。构建政府主导、企业为主体、科技协会等社会组织参与、企业需求推动的市场化运作的对外科技合作机制，积极推动广东省经济社会的高质量发展。通过科技合作，引进技术、人才等资源提高研究开发能力，增强自主创新能力，推动广东产业转型升级。

2. 加强广东与发达国家科技合作的原则

从当前中国高新技术产业的发展看，中国企业还是普遍处于产业链的中低端，缺乏核心技术。因此，广东应重点支持基础科学研究和关键技术的研发，增加研发投入并改善研发环境。对于通信行业来说，5G技术尤为重要。5G技术是未来网络技术的基础，将对经济、情报和军事等领域产生深刻的影响，因此政府应支持和保护通信企业5G技术的发展。此外，除了企业继续加大技术研发力度和推进开展国际科技合作外，广东科技合作发展也离不开高校和科研机构的研发成果的及时转化。据测算，大多数年份广州高校专利转化率在10%以下，大部分高校专利被束之高阁。从企业国内技术购买支出金额也可以看出，广东科技成果转化率较低。因此，促进科技成果转化迫在眉睫，急需通过国际科技合作来加强及推动高校和科研机构与企业间的良性互动，加快科技成果的转化。全球化仍然是当今世界发展的主题，科技发展离不开以"引进来及走出去"的方式开展国际合作与合作利益的共享。因此，广东要积极开展与美国、欧盟、澳大利亚、俄罗斯等国家和地区的科技合作，除了引进先进技术外，还应鼓励有条件的企业设立海外研发中心，或者并购、合资、参股国外高新技术企业，获取国外的科技资源。

因此，广东省与发达国家进行科技合作要按照"重点突破、引以致用、互利共赢、自主创新"的原则，选择好合作伙伴和合作领域，在更大领域、更高层次上积极参与国际科技合作，注重成果的转化及应用，实现重点领域的重大突破。

3. 加强广东与发达国家科技合作的方式

广东在与发达国家开展科技合作时，可以根据合作主体的不同，采取不同的合作方式。根据采用的标准不同，国际科技合作的形式也不同。比如，根据合作双方科技实力不同，可以分为强—强合作模式、强—弱合作模式、弱—弱合作模式等。按照合作参加方的数量不同，可以分为双边合作模式、多边合作模式。从参与合作单位的性质来划分，可以分为政府间的合作和非政府间的合作。从参与合作方的利益分配视角来看，则可以分为平等互利型合作和一方利益主导型合作。李梦学（2007）从参与方数量和利益分配的角度对政府间国际科技合作模式进行了区分，他把国际科技合作分为一方主导型双边合作、平等互利型双边合作、单极多边型合作和多极多边型合作四种模式。魏澄荣（2017）按组织形式把国际科技合作分为政府主导平台模式、民间合作模式、共建产业园区模式，他对这三种模式做了如下具体说明。

政府主导平台模式是指在政府的主导下，通过签订双边或多边协议来推动国际科技合作。如政府组织国内大学、科研机构及企业与发达国家相关组织开展联合研究或共建实验室等国际科技合作。这种合作模式的优点是政府可以对科技合作提供指导和相关资源，并具有一定的公信力，比较容易获得各方的认可。

民间合作模式是通过民间组织来推动国际科技合作的一种合作模式。有些企业进行科技合作时，可能并不具备独立的能力和渠道，这时就需要民间组织的支持。民间组织，如科技协会，具有信息和人才优势，运营方式灵活，能够为企业进行科技合作提供信息和相关资源，为企业找到合适的科技合作方，促进双方达成合作协议。对于民间合作模式下的科技合作，政府也可以给予指导和支持，尤其是资金、人才等方面的支持。

共建产业园区模式越来越多地集中在产业园区内，例如中国的中关村园区。通过设立产业园区，以科技成果市场化为目标，吸引发达国家的高科技企业入驻园区，提高本地企业与发达国家跨国公司的科技合作，最终带动科技合作发展。这种合作模式相对比较容易达成协议并开展合作。

Li Li（2011）根据国际科技合作的形式，把国际科技合作模式分为国际学术会议、联合开发、合作研究、共同建立实验室（研究中心）、学者访问和交流、合作发表论文、技术转移或技术转让、联合培训、共享科技资源和项目合作开发等。其中，国际学术会议、合作研究、共建实验室（研究中心）、联合培训、学者访问与交流是被广泛采用的五种模式。此外，国际科技合作还包含国际科技合作示范基地模式、技术引进消化吸收再开发模式、在发达国家设立海外研发中心模式、国际并购模式等。以下简称叙述几种常见模式。

国际学术会议是促进与发达国家科技合作的有效平台。科学家等科技人才通过在国际会议上的交流，可以了解世界科技最前沿的技术信息和技术发展趋势、水平和发展动态，从而交换科技信息，跟踪技术发展信息，提高科技合作质量。具体形式可以分为协办国际学术会议、承办国际学术会议和参加国际学术会议。

合作研究与开发是联合几个国家或者地区的科技力量，进行某项课题、技术或产品的研究与开发。这种合作方式有利于合作各方优势互补，共同承担研发费用，降低风险，促进技术或产品的研发。合作研究与开发是科技合作的较高形式，广东省可以通过积极派出科技人员参加国际合作研究与开发、参加国际科学计划，获得新知识和技术，提高技术创新能力。

广东省内较有实力的大学、科研机构、重点实验室等与发达国家的相关机构共建研发中心或实验室，建立长期合作关系，进行合作研发，并加强项目、人才、技术的交流与合作，以达到技术互相渗透和共享关键技术的目的。这种合作模式一般是在寻求合作的一方急需某项核心技术，而自身技术能力和研发水平又达不到要求的情况下，寻求合作的一方与发达国家的大学、科研机构以共建研发中心的方式开展科技合作，合作成果和知识产权可以为双方共同拥有。比如，华为公司与英特尔、微软等跨国企业共建实验室，研发先进技术，与松下、3Com公司建立"3G开放式实验室"；中兴通讯公司在瑞典、韩国设立研究所，与美国高通公司合作建立实验室，研究最先进的通信技术。① 这些共建的研究中心或实验室促进了广东企业核心技术能力和创新能力的提高。同时，广东省内的大学和研究机构也与国外大学、研究机构进行大量的科技合作，在国际科技合作中发挥了重要的作用，如中山大学中山眼科中心与荷兰国家眼科研究所、美国 Casey 眼科研究所合作，联合建立了国际葡萄膜炎研究实验室。②

与发达国家进行科技合作时可以采取国际科技合作示范基地模式。该种模式的目标是力求在科技合作的某一方面取得进步，整合国际创新资源，提高科研能力，形成示范带头作用。这些基地可以形成某方面的特色，建设形式也可以多样灵活。如"中瑞精密制造技术中心"是在东莞市政府的支持下，由东莞理工学院和瑞士南方应用科技大学共同建立。该基地与东莞市的产业发展紧密相关，能对接东莞传统制造业升级的需求，发挥示范作用明显。

技术引进消化吸收再开发模式也是一种常见的国际科技合作方式。技术引进是指一个国家或地区的企业、科研机构等单位通过与发达国家开展技术贸易等方式从其他国家或地区的企业、科研机构等单位引进先进的技术和设备，获得先进技术的行为。技术引进的目的是要提高本国或本地区的技术能力和水平。③ 因此，引进技术后，要学习相关的技术和工艺，由此进行再开发。典型国家，如日本，就是依靠引进技术进行科技合作。日本在"二战"结束后，从发达国家引进制造工艺和技术，包括产品设计、工艺流程、成套设备与技术等，然后对这些技术资料进行消化、吸收、再创新，实施逆向工程，从而转变成为技术输出国。日本也通过技术引进，缩小了本国与发达国家的差距，促进了科技发展。

---

① 宗明：《深企积极开展国际科技合作》，载《中国民营科技与经济》2004 年第 3 期，第 59-60 页。
② 崔学海：《广东省国际科技合作的经验和启示》，载《财政研究》2009 年第 3 期，第 54-56 页。
③ 王浩程：《机械工程实践教程》，清华大学出版社 2011 年版。

在发达国家设立海外研发中心模式，是推动有实力的企业或科研机构到发达国家设立研究机构，利用发达国家的资源弥补自身技术研发短板，从而进行技术开发、产品研发，提高产品竞争力，扩大产品出口，提高市场规模的一种科技合作方式。

国际并购模式，是企业通过对发达国家的技术并购，迅速掌握相关行业的前沿技术，从而提升技术实力和研发能力，提高产品创新能力，实现快速发展的一种科技合作方式。

8.1.2　广东与发达国家科技合作的措施与重点

从世界产业发展来看，核心产业关键技术大都集中在发达国家。当前，广东经济发展正处于要素驱动向创新驱动转变的关键时期。广东在加强自主创新的同时，也要积极引进发达国家的先进技术。广东加强与发达国家的科技合作，对充分利用全球科技人才与资源、提高广东省的自主创新能力、建立现代产业体系具有重要意义。因此，广东省需要在基础研究、高新技术等领域，以经济社会发展需求为导向，整合资源，加强协调合作，在科技合作方面取得成效。

（1）加强顶层战略设计，建立跨职能、跨部门的国际科技合作委员会，协调开展对发达国家的国际科技合作。广东要进一步完善与发达国家进行科技合作的机制，积极引导，扩大政府间科技合作的渠道，促进广东与发达国家的科技资源、人才的合作。政府要建立和完善国际科技合作制度以及相关配套制度，提高科技合作成功概率。广东需要加大国际科技合作制度完善的力度，完善相关配套政策，如在金融、税收、财政等方面进行支持与引导，促进国际科技合作的健康有序发展。广东可以借鉴日本、韩国等国家的经验，建立促进科技合作的支持措施与制度。日本在《引进技术补助》中规定，凡符合日本产业技术政策的技术引进项目，会给予政府奖励，最高比例可以达到引进费用的 50%。韩国则对从国外购买的专利项目，通过金融机构提供资金外汇和担保，并采取风险投资的方式帮助企业降低风险。

（2）发展和完善市场引导的科技合作中介组织。与发达国家开展科技合作，需要借助科技合作中介的力量，走市场化和专业化的科技合作路径。这些中介组织专业素质水平较高，对科技资源和信息掌握比较充分，而且更容易获得发达国家的认可。因此，要进一步完善科技合作服务中介的建设，定期发布对外科技合作信息，协助企业解决科技合作问题，为企业提供技术信息获取、成果推广、政策咨询等方面的服务，引导企业进行科技合作，以获得发展。

（3）科技人才是开展科技合作的关键，广东要积极利用国际科技人才资源，加强引进国际性高端人才。一方面，积极建立人才交流机制，引进高层次外国专家来广东工作或开展合作研究与开发；同时，要鼓励广东高层次科技人才参与国际科技合作与交流。另一方，要重视引进从广东赴外学习的科技人才回粤工作。

（4）重点支持对广东经济发展起重要作用的重大国际科技合作项目，打造一批高水平的国际科技合作基地。重点支持国家层次和省级层次的重大科技项目与发达国家的科技合作，树立标杆和典型。依托广东省内有一定优势的大学、研究机构和企业，建设一批高水平的研发中心和实验室，提高对先进技术、基础研究等领域的开发。

（5）加强对美国、日本、德国、英国、法国等发达国家的科技跟踪研究，与发达国家在前沿科技和基础研究领域展开科技合作。如与德国可以在汽车制造、生命科学、可持续发展、环境保护等方面开展合作与研究。根据2018年全球创新指数排名，德国在全球126个经济体中创新指数排名第9，中国则排名第17。而且德国是创新强国，国内"隐形冠军"企业达1,500多家。德国在机械制造、汽车工业等传统制造业方面具有强大的优势。因此，广东可与德国在物联网、汽车制造等领域进行科技合作。

（6）出台吸引跨国公司到广东建立研发中心的政策和措施，

8 加快广东与海上丝绸之路沿线国家科技合作圈建设的对策

吸引发达国家的跨国公司在广东设立中国区总部或亚太区总部,吸引发达国家的高科技人才来广东从事研发工作,提高广东的研发能力。广东需要积极实施"走出去"战略,整合全球科技资源,制定鼓励广东省大型企业集团到海外建立研发中心、开展委托开发、进行企业并购的政策和措施,借助国际高科技资源提高研发能力。

(7) 依托广东现有的各类高新区、科技园区,以及经济技术开发区如广州开发区、珠海科技创新海岸和东莞松山湖高新区等,与发达国家共建一批高水平的特色创新园区。可以将这种特色创新园区打造成特色产业国际示范基地,发展一批国际品牌,并帮助广东省内有实力的企业开拓国际市场。如新加坡通过建立海外工业园进行产业转移,成为东南亚甚至全球比较知名的跨国公司区域总部中心之一,成功实现了国内产业向技术密集型、知识密集型转型升级。①

8.2 提升广东与东盟科技合作水平

8.2.1 广东与东盟科技合作的思路与方式

如前所述,广东与东盟科技合作的总体思路为"引进来和走出去",包括引进先进技术、共同开发未来技术,以及转移成熟技术。具体为积极引进新加坡等国的先进技术(中新广州知识城),开展与马来西亚、泰国等国的科技交流与合作;支持有条件的科技型企业在东盟建立或共建研发机构、科技转化与产业化基地,从而实现以科技合作为先、逐步推动产业投资和贸易合作的新模式,开展以制造业、信息产业为主的技术与贸易合作方式,实现广东优势产业"走出去"。

---

① 魏澄荣:《"一带一路"国际科技合作模式和路径研究》,载《亚太经济》2017 年第 6 期,第 24 - 27 页。

8.2.2　提升广东与东盟科技合作水平的措施

1. 积极融入国家"一带一路"倡议和中国—东盟科技合作计划

构建广东与东盟科技合作新机制,应围绕国家"一带一路"倡议和中国—东盟科技合作计划,主要包括科技交流、共建实验室、合作建设科技园区、技术转让等方面。深入贯彻实施"一带一路"倡议,基于广东经济社会发展的重大科技需求,积极发展与东盟国家的科技交流和产业合作,开展多层次、多主体的科技合作。在此过程中,广东一方面可以积极鼓励有条件的企业到东盟投资,尤其是推动农业、能源、信息通信、高端装备制造等领域的合作,推广应用广东省科技成果,推动成熟技术向东盟转移转化。另一方面,广东也可以吸引新加坡等国的先进技术资源,并学习其管理科技园区的方法,提升广东科技发展水平;主要加快推进中新广州知识城等的建设发展,使之成为面向海外吸引优势创新资源、开展国际科技交流合作的集聚区。

2. 主动参加中国及广西与东盟政府间的国际合作交流活动

广东应积极参与中国—东盟技术转移中心组织的合作交流活动。2012年9月22日,中国科技部部长万钢和东盟十国科技部部长在广西南宁举办的首届中国—东盟科技部长会议上共同启动了《中国—东盟科技伙伴计划》。[①] 为落实科技伙伴计划中有关建设中国—东盟技术转移中心的工作,中国科技部和东盟科技委共同发起成立中国—东盟技术转移中心,由中国科技部、东盟科技委及东盟有关国家科技主管部门共建,总部设在中国广西南宁,由广西壮族自治区科学技术厅负责日常运营。中国—东盟技术转移中心是当前中国与东盟科技合作最权威的渠道和平台,提供高效率的中国—东

---

① 《中国—东盟技术转移中心成立》,载《科技日报》2013年9月4日。

盟技术转移对接渠道，提供高价值的中国和东盟国家技术供需信息，组织高层次的技术转移系列活动和提供高质量的技术转移配套服务。广东应主动参与中国东盟技术转移中心的有关活动，如积极参与该中心的常设年度大会——中国—东盟技术转移与创新合作大会。

广东应积极参与中国—东盟博览会有关的科技交流活动。中国—东盟博览会，简称"东博会"，是由中国国务院前总理温家宝倡议，由中国和东盟10国经贸主管部门及东盟秘书处共同主办，广西壮族自治区人民政府承办的国家级、国际性经贸交流盛会，每年在广西南宁举办。① 中国—东盟博览会逐渐将科技合作纳入进来，中国—东盟技术转移与创新合作大会为其分论坛，以"科技合作"为重点主题，突出科技内容展示，举办科技合作系列活动，为中国和东盟加强科技领域合作提供广阔平台。目前，先进技术是其五大专题之一，包括先进制造、智慧城市、东盟科技创新、大健康科技、科技园区及创新成果、海外人才创新创业。

加强广东与广西科学技术主管部门间的合作，推动广东与东盟的科技合作，联合开展成果转移转化，利用中国—东盟技术转移中心平台促进广东科研成果向东盟转移。鉴于广西在中国—东盟科技合作中的领先地位，它是中国与东盟之间科技引进输出、科技人才往来交流的主要枢纽。近年来，广西在科技体制机制方面做了一些改革和探索，特别是按照中央赋予广西的三大定位，抓住面向东盟的合作特色，形成了与东盟的人脉优势、先行优势、区位优势。

3. 加强广东与东盟科技人员的技术交流

广东应实施灵活的国际人才流动政策。紧紧抓住国际间科技人才快速流动的机遇，引导高校、科研机构和企业采用柔性人才引进

---

① 徐勤：《开幕式与会展经济深度融合的多维视角——以中国—东盟博览会开幕式为例》，载《南宁职业技术学院学报》2017年第2期，第20-23页。

方式，面向全球吸引和集聚高层次科技创新人才。发挥重点实验室、工程技术研究中心等科技创新平台在增强国际间科研人员交流方面的作用，设立访问学者岗位，提供必要的科研条件，吸引海外科研人员来广东开展合作研究、学术交流等活动。鼓励持有外国人永久居留证的外籍高层次人才在广东创办科技型企业、开展创新活动，享受与省内科研活动相同的政策支持。积极争取广东省人力资源和社会保障厅、商务厅等相关部门的境外人才交流和培训计划的支持，采取多种形式组织专业技术人员和科技管理人员出国培训。

广东应加大对科技合作人才的支持力度。充分利用各类人才计划的政策利好，加强对海外科技人员来广东创新创业的扶持。引进的专业技术人才符合相关条件的，推荐参评广东各类创新人才推进计划。对符合条件的海外归国留学人员纳入青年人才培养计划并给予支持。对国际创新园、国际科技合作示范基地、联合研究中心等引进的海外高层次人才和创新团队实施的重大科技项目择优纳入省重点研发计划并给予支持。

广东应筹划开展面向东盟国家科技人员的技术交流。围绕东盟各国技术需求，结合广东省产业发展优势领域，加强与东盟国家政府科技部门、科研机构与企业的联系，积极承接国家科技援外项目。支持广东省有条件的高校、科研机构、各类科技园区和企业与东盟各国加强多种形式的技术和人员交流，以科技合作促进民心相通，提升国际科技合作服务国家总体外交工作的能力。

4. 加强广东与东盟科技合作的知识产权运用与保护

广东应加强对国际科技合作的知识产权的运用与保护。加强与国际知识产权相关组织、单位、机构的知识产权交流，强化对国际知识产权规则的研究，促进知识产权资源、人才、学术、信息的交流与合作。建设广东专业涉外知识产权信息服务平台，为企业开展国际科技合作提供知识产权预警、分析和评估等服务。加强与东盟各国知识产权机构的沟通、协调。引导知识产权服务机构提高海外知识产权服务能力，为企业"走出去"提供专业服务，扶持培养

8 加快广东与海上丝绸之路沿线国家科技合作圈建设的对策

一批涉外知识产权服务机构。加大海外知识产权维权援助机制建设，鼓励企业建立知识产权海外维权联盟，支持企业在海外布局知识产权，对涉外知识产权维权企业积极应诉获得胜诉或和解的项目给予奖励。

8.3 创新科技银行机制助推广东科技新发展

2018年10月，习近平总书记在广东视察时对经济的高质量发展高度重视，他指出，要发挥企业创新主体作用和市场导向作用，加快建立技术创新体系，激发企业创新活力，推动广东经济高质量发展。① 目前，广东经济发展虽然已经进入"新常态"，但服务中小企业创新发展的有效供给，如现有支行制科技银行和投贷联动等措施，远远满足不了中小企业特别是科技型中小企业对金融服务供给的需求，制约了中小企业发挥创新主体的作用。面对科技型中小企业融资难等问题，欧美等国家除了大力发展创业风险投资等股权融资外，还建立了一类专门的以民间资本依法发起、兼具债权与股权为一体的金融机构——中小型科技银行，为实体经济特别是科技型中小企业提供必要的竞争性金融供给，从而更好地发挥市场导向作用，解决科技型中小企业金融服务供给不足等问题。科技银行以债权式、股权式两种形式直接投资企业，或以资金注入风险投资公司间接投资企业。目前，广东的珠三角地区科技型中小企业集中，创业投资和资本市场发达，营商环境良好，微众银行等民营银行风生水起。因此，我们建议国家金融监管部门以"改革再出发"的精神，做好制度创新的顶层设计，构建合理的市场准入门槛和内部

---

① 《习近平在广东考察时强调：高举新时代改革开放旗帜　把改革开放不断推向深入》，见中国共产党新闻网（http://cpc.people.com.cn/n1/2018/1026/c64094-30363600.html）。

治理机制，培养既掌握银行贷款业务又具备相关投资知识的复合型金融专业人才，争取国家政策支持在广州或深圳试点设立民营科技银行，以此助推广东经济高质量发展以及粤港澳大湾区国际科技创新中心的建设。

8.3.1 科技银行能有效推动科技型中小企业发展

广东经济发展已经进入"新常态"，破解科技型中小企业融资难题，是推动广东科技新发展、经济结构转型升级的关键路径之一。中小企业融资难、融资贵是经济发展中的普遍难题，也是制约中小企业发展的瓶颈。解决这一难题的办法除了进一步拓宽直接融资渠道、大力发展风险投资等股权融资外，建立科技银行也是一条值得探索的路径。目前，在推动经济高质量发展及粤港澳大湾区建设的背景下，越来越多的科技型企业，尤其是科技型中小企业在广东生根。如果广东缺乏实质性的科技银行与科技型中小企业对接，导致有资金需求的科技型中小企业融资问题得不到解决，必然会影响到广东乃至粤港澳大湾区的整体发展。广东有必要、也有能力尝试设立民营科技银行为科技型中小企业服务。广东如果能得到国家支持，通过先行先试设立民营科技银行，那么这既有利于进一步推进金融强、科技兴、产业旺的经济实体高质量发展，也有利于助推粤港澳大湾区国际科技创新中心的建设。

1. 科技型中小企业需要相应的专属金融服务机构

当前，推动创新驱动发展成为经济结构调整和产业转型升级的核心战略。面对经济结构转型升级的关键时刻，破解科技型中小企业融资难题，促进科技和金融的深层次结合，已经成为我国社会各界广泛关注的热点问题。党的十八届三中全会通过的《中共中央关于全面深化改革若干重大问题的决定》中强调，要"允许具备条件的民间资本依法发起设立中小型银行等金融机构；发挥市场对技术研发方向的导向作用"。① 金融业作为竞争性的服务行业，也应按照"负面清单"的准入制度和扩大服务业开放的要求，鼓励和引导民间资本进入。特别是在加强监管的前提下，应允许具备条件的民间资本依法发起设立中小型银行等金融机构，为实体经济提供必要的竞争性金融供给，从而解决科技型中小企业金融服务供给不足的问题。②

从企业的生命周期理论来看，企业在不同的成长阶段具有不同的融资方式和融资需求，一般遵循由内源融资到股权融资，再到债务融资的顺序。初创期的科技型企业往往具有轻资产、高风险的特征，必须经历一段时期的发展，在具备了一定的资产和良好信用记录后，才能获得银行贷款支持。面对科技型中小企业融资难等问题，欧美等国除了大力发展创业风险投资等股权融资外，还建立了一类专门的以民间资本依法发起、兼具债权与股权为一体的金融机构——中小型科技银行。以美国硅谷银行为例，硅谷银行常用的投资方式有直接投资和间接投资。直接投资分为债权式、股权式两种形式，不通过风险投资公司。而间接投资则是银行把资金注入风险投资公司，并由风险投资公司进行投资和返还回报。后者针对具体企业的特点，选择最优的投资方式与最合适的阶段进行投资。硅谷银行独特的经营运作机制，可以很好地服务科技型中小企业，其经营模式和运作机制也成为通过金融创新服务科技型企业发展的典范。

2. 现有支行制科技银行和投贷联动无法满足中小企业资金需求

2009 年 1 月 10 日，中国建设银行成都高新支行和成都银行高

---

① 《为什么允许具备条件的民间资本依法发起设立中小型银行等金融机构?》，见中国共产党新闻网（http://theory.people.com.cn/n/2013/1128/c371950-23682821.html）。

② 《周小川：将全面实现利率市场化》，载《香港文汇报》2013 年 11 月 20 日。

新支行经国家批准，改制为科技银行，成为我国首批试点的两家科技银行。此后，国家科技部和银监会先后在杭州、武汉、深圳、无锡等地依托商业银行分支机构试点设立科技支行。但科技支行试点在实践过程中仍难以突破商业银行的框架，实际效果并不理想。主要体现在四个方面：一是其运营机制缺乏独立性，仅仅只是"一行两制"。科技支行是非独立法人机构，只是隶属于商业银行的主营科技型中小企业贷款的专营支行或分行。在经营管理时无法摆脱总行在资金管理、风险控制、绩效考核等方面的制约。二是其盈利模式依然依赖传统的利息收入，权益类收益较低。商业银行的经营目标使其不愿意放款给风险较大的科技型中小企业；而贷款的审批流程和手续也影响了科技型中小企业与银行合作的效率，无法适应科技型中小企业的需求。三是产品差异化不足。在初创期，科技型中小企业需要定期贷款、信用贷款额度等服务；在成长期，则需要中期担保融资；而在成熟期，则需要长期贷款、贸易融资或各类应收账款和流动资金信贷等服务。但现有支行制的科技银行无法根据科技型中小企业的特点、条件和需求开发差异化的信贷产品，并提供专业和全方位的服务。四是人才储备不足。商业银行支行现有银行人才储备难以满足股权投资业务需要，缺乏既掌握银行贷款业务又具备相关投资领域知识的复合型专业人才；而且银行的现有薪酬体系也不能有效激励和留住此类人才。

尽管2016年4月银监会、科技部、中国人民银行联合下发《关于支持银行业金融机构加大创新力度 开展科创企业投贷联动试点的指导意见》（以下简称《指导意见》），明确将北京、武汉、上海、天津、西安5地国家自主创新示范区纳入首批投贷联动试点地区，选择国家开发银行、中国银行、恒丰银行、北京银行、天津银行、上海银行、汉口银行、西安银行、上海华瑞银行、浦发硅谷银行10家银行纳入开展投贷联动的试点银行,① 但在试点过程中依然存在以下问题：一是业务模式难以统一。采取什么样的业务联动模式，推广什么样的投贷联动产品，尚无法达到统一。由于银行和股权投资机构在经营理念、风险偏好、利益驱动方面存在较大差异，容易导致联动效率低、协调成本高、合作不紧密等问题。二是管理模式存在差异。投贷联动模式下，股权融资必须由引入的其他股权投资机构来完成，如何清晰界定银行方面和投资公司方面的职责定位和分工，在建立有效的业务"防火墙"基础上，做到双方的业务联动、有效整合和协同，尚没有可推广的经验。三是投资子公司至今未获批。部分试点银行已按照《指导意见》要求，提交申请设立投资子公司的相关材料，但鉴于风险防控问题，监管部门对创新试点较为审慎，因此目前未有试点银行投资子公司获得批复成立，从而导致专业化的投贷联动业务未能有效推进。

正是由于上述原因导致了首批试点银行的投贷联动试点业务尚未取得实质性进展。

8.3.2 广东已具备设立民营科技银行的条件

民营银行天生具有服务小微企业的特征，至2017年，我国已经成立的17家民营银行业务的定位都是围绕着普惠金融、服务小微和科技创新企业展开。由于民营科技银行的资本来自民间，采取市场化机制体制来经营管理，是直接为科技型中小企业提供金融服务的现代金融企业，因此建立和发展民营科技银行对于调集民间资金、促进科技型中小企业的发展、推动区域创新驱动发展有重要的意义。2013年8月27日，广东省政府办公厅出台了《关于促进科技和金融结合的实施意见》，进一步强调了促进金融与科技相结合

---

① 唐福勇:《投贷联动或成银行转型新风口》,载《中国经济时报》2017年4月12日。

的目标要求。① 本着先行先试的精神，广东可考虑支持民间资本探索设立科技信贷机构，率先设立民营科技银行，发挥金融市场对技术研发的导向作用。广东设立民营科技银行的基础主要体现在以下四个方面。

第一，发达的高技术产业和众多的优质科技型中小企业为民营科技银行服务提供了商业蓝海。广东是我国改革开放的试验区，是信息和生物技术企业的集中地，高新技术企业和产业发展的环境非常优越，特别是在珠三角地区培育了一大批具有创新性和成长性的企业群。随着粤港澳大湾区建设的推进，2018年8月，中央召开粤港澳大湾区建设领导小组全体会议，提出："湾区要积极吸引和对接全球创新资源，建设'广州—深圳—香港—澳门'科技创新走廊，打造大湾区国际科技创新中心。"② 当前，广东不但拥有华为、腾讯、华大基因、大疆等知名科技创新企业，未来还会有更多科创企业在此生根发芽，成长为粤港澳大湾区科技创新的中坚力量。因此，广东探索建立民营科技银行，具有巨大的发展潜力和业务保障。

第二，粤港澳大湾区为广东试点建立民营科技银行提供了沃土。截至2017年年末，粤港澳三地银行总资产合计约7万亿美元，银行存款总额高达4.7万亿美元，均超过纽约湾区和旧金山湾区。③ 目前，国有大型商业银行、政策性银行、开发性金融机构在粤港澳大湾区已经逐渐完成布局，并占据绝大多数市场份额，但鲜有专门服务科技企业的银行。普通银行很难做成真正的科技银行，科技企业需要专业的科技银行的服务。民营科技银行是金融供给多

---

① 《广东：改革创新春潮涌科技金融再冲浪》，载《科技日报》2014年3月10日。

② 杨华勇：《香港应乘势而上 加速国际创科中心发展》，载《大公报》2019年1月12日。

③ 南方日报社：《开放崛起——世界级湾区深调研》，南方日报出版社2018年版。

元化的重要补充之一。广东设立民营科技银行有利于打破大型银行对市场的垄断，更好地满足科技型中小企业的发展需求，激发中小企业创新活力，建设广东新型的创新体系，实现创新驱动发展。

第三，成熟的创业投资市场为民营科技银行的发展提供了持续动力。美国发达的创业投资市场是硅谷银行发展的基础。硅谷银行成功的条件之一就是与知名投资机构合作，向获得风投的科技公司提供贷款。目前，广东的深圳和广州等地的创业投资市场有比较好的基础，聚集了丰裕的创业投资资金，这使得科技型企业有望获得创投资本的扶持。而且深圳创业板市场运作良好。深圳不仅有主板、中小板、创业板，同时是中国风险投资最活跃的城市。创业板市场为民营科技银行提供融资渠道，为创投公司提供快捷和安全的退出平台，为创新型中小企业提供融资场所。因此，广阔的创业投资市场和完善的资本市场体系能为民营科技银行在广东的运营提供保障。

第四，良好的营商环境为民营科技银行的发展带来了潜力。广东是我国改革开放的试验区和排头兵，毗邻市场经济完善的港澳地区，经过改革开放40多年的发展，特别是近年来优化营商环境的不懈努力，已经建立了比较完善的市场经济体制。完善的市场经济体制可发挥市场机制的竞争作用，提高民营科技银行经营管理的积极性和主动性，不断提高其经营运行效率。同时，广东在社会征信体系建设上也走在了全国前列。良好的社会信用体系有利于保障民营科技银行的合法权益。

8.3.3 完善体制机制，加快设立科技银行

一是省政府职能部门要不断探索建立完善的相关制度体系。做好制度创新的顶层设计，制定有利于培育和促进民营科技银行发展的法律和法规，给予民营科技银行公平竞争的政策环境，并在成立初期给予适当的税收优惠；设立专项风险补偿基金，对科技银行因投资科技型中小企业而产生的损失给予一定的补偿。

二是金融监管部门要设置合理的市场准入门槛和内部治理要求。规范市场准入机制是建立和经营好民营科技银行的前提。要规范准入门槛，严格进行资格审查，严格把关参与者的内部治理水平和风险防控能力。规范资金的来源和投资的领域，建立风险隔离机制，把创业投资业务和一般业务分开管理，以避免不同业务之间的风险影响。在科技型中小企业的投资上，放宽担保品的要求，采用不同形式的担保方式，允许科技型中小企业用专利技术和应收账款进行抵押和担保。

三是民营科技银行要突出自身金融服务的多元化，避免与传统科技支行趋同。在体制机制上，民营科技银行具有自主性和私营性等国有商业银行无法具备的特征，应充分发挥其经营运作的灵活性和专业性特点，专注于科技型中小企业的发展。可以采取灵活多样的方式投资企业，在"债权+股权"的基础上，探索参股向科技型中小企业投资的风险投资公司或直接设立自己的创业投资分公司进行股权投资。同时，还可以同风险投资公司构建多层次的合作关系，投资参与风险投资公司已经投资的没有上市的科技型中小企业，从而减少投资风险，实现较高和较稳定的投资回报。并且在进行"跟投"的同时，民营科技银行也可以为风险投资公司及其支持的企业提供专业的金融服务，进而促进科技型中小企业的发展。

8.4 推进粤港澳大湾区科技合作圈建设

正如《粤港澳大湾区发展规划纲要》提出的，粤港澳大湾区经济实力雄厚、经济发展水平全国领先、产业体系完备、集群优势明显、经济互补性强，已经成为全球重要的制造业基地。加之创新驱动发展战略深入实施，粤港澳三地科技研发、转化能力突出，创新要素吸引力强，具备建设国际科技创新中心的良好基础。① 因此，在粤港澳大湾区建设国际科技创新中心，构建覆盖华南和西南的区域创新体系，将可以极大地改善国家的科技创新布局发展不平衡的状态，加快创新型国家的建设。

8.4.1 推进粤港澳大湾区科技合作圈建设的思路

党的十九大报告提出，要"加强国家创新体系建设，强化战略科技力量"，"加快建设创新型国家"。② 改革开放以来，我国科技创新虽然有了巨大进步，但科技创新的总体布局还存在不平衡、不充分的状况。据科技部发布的《中国区域创新能力监测报告2016—2017》介绍，从人力资本和研发机构的集聚水平、创新投入强度、知识创造的规模、技术成果扩散效应、对其他地区的辐射能力等指标来看，全国仅有北京和上海初步显现了可能成为全球科技创新中心的实力。③ 粤港澳大湾区科技合作圈建设，必须从战略高度出发，进一步拓展和创新粤港澳大湾区科技合作的战略思路。

1. 对标全球战略性新兴产业潮流

我们在自身不断进步创新的同时，目光也要时刻瞄准世界前沿，紧紧盯住并且抓住时机，把握产业革命大趋势，以创新的眼光看待自己，同时也要看向世界高水平、新动向。围绕着产业链部署创新链，将创新链与产业链紧密结合，同时，将科技创新落到产业突破上，集聚人才优势，实现科创中心创新智慧化发现。

2018年10月，习近平总书记视察广东时，对广东高质量发展

---

① 《中共中央 国务院印发〈粤港澳大湾区发展规划纲要〉》，见中国政府网（http://www.gov.cn/gongbao/content/2019/content_5370836.htm）。
② 《十九大报告提出加快建设创新型国家专家解析：法治是建设创新型国家坚实保障》，见中国共产党新闻网（http://cpc.people.com.cn/19th/gb/n1/2017/1021/c414305-29600387.html）。
③ 《〈中国区域创新能力监测报告2016—2017〉发布》，见科学网（http://news.sciencenet.cn/htmlnews/2017/8/386686.shtm）。

提出了具体要求:"要大力发展实体经济,破除无效供给,培育创新动能,降低运营成本,推动制造业加速向数字化、网络化、智能化发展。"① 根据习近平总书记重要指示精神,广东要把发展经济着力点放在以制造业为主体的实体经济上,努力培育电子信息、绿色石化、汽车、智能家电、机器人等世界级先进制造业集群,大力发展新一代信息技术、高端装备制造、绿色低碳、生物医药、数字经济、新材料、海洋经济等战略性新兴产业,以加快改善供给结构,推动产业转型升级。

2. 建设世界科创成果产业化的基地

科创中心的建立是为了推动粤港澳大湾区整体科技创新实力发展,其中最重要的一个环节就是将科技成果产业化。目前,粤港澳大湾区有很好的制造业基础,要建设世界科创成果产业化的基地,一方面,需要加大投入力度,需要粤港澳高校和科研机构的研发人员更加努力地研究如何产业化,三地政府应当给予这批人更优厚的待遇,也应当鼓励企业加大对相关成果产业化研发部门的投入,提高成果转化的速度与质量。这样,突出了科创中心成果产业化的功能才能提高粤港澳科创中心的地位。另一方面,要通过粤港澳三地现有营商环境的协同互补,利用珠江三角洲的制造业优势,引进全球科学技术的创新成果,在粤港澳大湾区内产业化。

3. 成为全球高水平大学集聚高地

众所周知,聚焦产业发展方向,实施重大科技专项,瞄准科技前沿抢先布局战略性技术、颠覆性技术,努力在机器人、工作母机、超材料、基因工程、人工智能、大数据等领域的核心技术和设备研发上取得突破的关键,都要依靠高新科技人才。粤港澳大湾区要强化创新源头供给,持续推进高水平大学、高水平理工科大学和

---

① 《习近平在广东考察时强调:高举新时代改革开放旗帜 把改革开放不断推向深入》,见中国共产党新闻网(http://cpc.people.com.cn/n1/2018/1026/c64094-30363600.html)。

科研院所的建设，积极争取国家实验室、综合性国家科学中心等高水平创新平台和重大科技基础设施的落户，推动大型工业企业研发机构全覆盖。① 所以，在建设高水平大学及研发中心时，要充分利用"一国两制"政治制度存在的优势，通过粤港澳三地协同互补，在粤港澳三地推动高水平大学集群发展。一方面，要通过粤港澳三地现有教育资源的协同互补，做强粤港澳现有大学，新办现有粤港澳三地高水平大学的分校。另一方面，通过粤港澳教育资源互融互通，引入国内、国际著名大学在粤港澳三地开设分校。发挥"一国两制"的制度优势，加强合作引进中外优质的教育资源，以多种方式即多渠道、多层次建设各类大学，有专业性大学也有综合性大学，尽快补上高等教育的短板，高质量培养大湾区所需的创新型人才。

4. 打造科技金融发展的世界中心

"科技金融"也是近些年逐渐兴起的领域，简单说来就是指将金融与科技相结合，主要是利用金融市场促进科技创新市场的发展并加速科技成果产业化和商业化。针对粤港澳大湾区建设科创中心的需求，政府应当扶持科技金融公司以及相关机构的设立，鼓励民间资本流向天使投资、风险投资等以推动科创型企业渡过初创期并加速科技成果产业化。政府以及相关机构应当加强完善互联网金融的监管制度，设立监督机构，建立有效的征信体系，营造一个健康安全的互联网金融环境，加强对投资者以及投资机构的科技金融知识培训，以提高投资的质量以及效率。

8.4.2 推进粤港澳大湾区科技合作圈建设的对策

粤港澳大湾区科技合作圈的建设应该坚守"一国"之本，充

---

① 《深入贯彻习近平总书记治国理政新理念新思想新战略 努力在全面建成小康社会加快建设社会主义现代化新征程上走在前列》，载《南方都市报》2017年5月31日。

分用好"两制"的优势，以共建大湾区国际科技创新中心为目标，积极吸引和对接全球创新资源，推动粤港澳科技一体化联动发展。

1. 建立粤港澳三地协同创新发展和政策协调机制

广东要把粤港澳大湾区建设作为新时代广东改革开放的总牵引，切实担当好粤港澳大湾区建设的重要职责。深入推动粤港澳投资便利化、贸易自由化、人员车辆往来和通关便利化，促进粤港澳三地体制机制"软对接"。在已有的粤港、粤澳、港澳三方相对独立的合作机制基础上，在《粤港澳大湾区发展规划纲要》框架内，积极探索体制机制创新，建议在中央指导下，建立粤港澳三地共同参与的更高层级、协作一体的立体决策和协调机制，统领三地的科技创新合作发展上升到更高的档次和水平，及时解决三地对外开放、协同发展中存在的问题与矛盾，推动深度融合发展。[1]

2. 加快跨区域重大科研平台的建设

以更大的决心和力度深化科技领域"放管服"改革，进一步释放创新创造活力。强化知识产权激励机制，最大限度地释放科技人员创新潜能，攻克核心关键技术。鼓励广东省科技服务机构深化与港澳科技机构的合作，共建一批高水平专业化科技服务平台或基地，促进两地科技资源优势互补。依托香港、澳门等中心城市的科研资源优势和高新技术产业基础，充分发挥广州、深圳在粤港澳大湾区的区域核心引擎作用，打造高端要素集聚平台，加快建设南沙粤港澳全面合作示范区、"广州—深圳—香港—澳门"科技创新走廊、香港科技大学（广州）校区、大湾区青年创新创业基地等重点工程。支持港深创新及科技园、中新广州知识城、南沙庆盛科技创新产业基地、横琴粤澳合作中医药科技产业园等重大创新载体建设。支持粤港澳设立联合创新专项资金，就重大科研项目开展合作，允许相关资金在大湾区跨境使用。在珠三角九市建设一批面向

---

[1] 《粤港澳大湾区协同创新发展报告（2018）》，载《广州日报》2018年9月21日。

港澳的科技企业孵化器，为港澳高校、科研机构的先进技术成果转移转化提供便利条件。① 以新一代信息技术与制造业深度融合为切入点，加快发展智能制造、互联制造、绿色制造等新型制造，打造"广东制造"升级版。

3. 落实创新型人才引进优惠政策

强化创新源头供给，通过做强现有大学，新办高水平大学，引入内地、港澳台、国际著名大学在广东省开设分校等多种方式，持续推进高水平大学、高水平理工科大学和科研院所建设，尽快补上高校资源短板。积极争取国家实验室、综合性国家科学中心等高水平创新平台和重大科技基础设施的落户。② 高水平大学聚焦产业重点发展方向，实施重大科技专项，努力在核心技术和设备研发上取得突破。统筹规划和实施适应大湾区全方位开放发展的人才战略。抓住全球人才流动加速和大量留学人员回国创业的机遇，大力引进国内外高层次人才，重点引进一批站在行业科技前沿的领军人才。

4. 努力营造鼓励个人及企业创新创业的环境

粤港澳大湾区的经济基础已经比较雄厚，但从表28可以看出，粤港澳大湾区机场吞吐量虽然很高，但是来自海外的人数却不是很多。这说明粤港澳整体的协调性、文化互融水平以及开发包容水平都还未达到世界级大湾区的水平。同时，由于历史因素，粤港澳大湾区与世界其他湾区不一样，内部存在着一些文化差异性，这是优势也是劣势。优势是既能融合部分东方文化也能融合部分西方文化，劣势是内部区域性文化壁垒不利于协同发展。因此，三地要加强地区文化商业交流，努力促进文化相互理解包容，内部互相融合

---

① 《中共中央　国务院印发〈粤港澳大湾区发展规划纲要〉》，见中国政府网（http：//www.gov.cn/gongbao/content/2019/content_5370836.htm）。

② 《深入贯彻习近平总书记治国理政新理念新思想新战略　努力在全面建成小康社会加快建设社会主义现代化新征程上走在前列》，载《南方都市报》2017年5月31日。

了才能有更大的空间去包容世界各地的文化。再者，三地应重视知识产权的联动保护，为科技创新健康发展提供法律保护；培育鼓励创新、容许失败的氛围，营造一个活跃的开放包容的创新环境。

表28　粤港澳大湾区与世界主要湾区人口流动比较

湾区	粤港澳湾区	纽约湾区	旧金山湾区	东京湾区
机场吞吐量/（亿人次/年）	1.85	1.30	0.71	1.12
海外游客人数/万人	169	5,200	1,651	556

数据来源：世界银行、彭博资讯2016年数据。

9 结论

9.1 研究成果情况

本书梳理了科技合作的理论及研究文献，分析了广东与海上丝绸之路沿线国家科技合作圈建设的突破点及着力点，探讨了广东与海上丝绸之路沿线国家的科技合作研究、广东与东盟国家科技合作重点领域研究；同时，对"一带一路"下中国与东盟国家科技合作绩效进行了评价；并基于新形势的发展，对粤港澳大湾区科技合作圈建设战略进行了探讨。

本书基于国家"一带一路"倡议背景，锁定国际科技合作这一细分领域，将其分为研究背景、可行性基础、战略框架、重点示范区研究、具体战略举措五大部分进行研究。其中，研究背景包括研究背景和意义、理论基础和文献综述；可行性基础包括广东同海上丝绸之路沿线国家合作现状、海上丝绸之路沿线国家科技竞争力实证分析、各国经验借鉴等。紧随其后，利用相关理论，建立适用于强—强合作、强—弱合作、弱—弱合作三种模式的科技圈战略框架，明确合作步骤、法律规则、运行和纠错机制，为后续研究明确战略方向和原则。再以具备历史积淀和合作基础的东盟作为战略重点区域，制定广东—东盟科技一体化战略，确定重点合作领域，以期起到研究示范作用。具体战略举措部分包括宏观上广东"因国制宜"地开展同各沿线国家科技合作的路径和战略建议，以及微观上的各个重点领域。建立战略实施效果的反馈机制，监测各国产业科技发展情况，以期根据环境变化及时调整战略及重点领域，逐步从区域科技圈扩大到国际科技圈,发挥广东在海上丝绸之路建设中的战略作用。

本书选择在国家建设海上丝绸之路的大背景下研究国际科技合作圈的建设,拓宽了区域合作的理论;本书创造性地应用系统论、博弈论、国际关系学等理论研究广东与海上丝绸之路沿线国家的科技合作建设,可以丰富现有的国际科技合作理论。前人对科技合作的研究主要是定性分析,本书运用数据包络分析方法(data envelopment analysis,DEA)、主成分分析法等方法,通过实证方法衡量沿线国家尤其是东盟国家的科技实力,从而为广东选择重点科技合作对象提供决策依据。书中对广东与海上丝绸之路沿线国家共建科技合作圈的研究,既可以丰富对21世纪海上丝绸之路建设的研究,也可以丰富区域科技合作理论,还可以为国家实施国际科技合作计划提供战略参考。同时,本书的研究成果可以为国内省、市、自治区开展区域科技合作提供理论指导。

本书的预期成果有良好的社会生态效益,可以为提高我国及海上丝绸之路沿线国家的科技实力,为实现创新驱动战略提供理论支撑及政策建议。在科普资源共享、打造区域性高端学术交流平台、推进产学研深度合作、联合科技攻关、科技人才培养与交流等方面加强合作,为经济带沿线城市社会经济发展提供强有力的人才和技术支撑。它不仅能推动丝绸之路沿线城市之间的学术交流,而且能有效促进海上丝绸之路沿线国家科技进步和繁荣发展。

9.2 研究的创新性及科学性

(1)本书从双边合作和多边合作视角对科技合作圈的建立进行了逻辑和数理分析,特别是研究了参与国之间对科技合作收益分配的谈判问题、夏普利值与多参与国科技合作收益的分配问题,以及参与国采用保护机制防止"搭便车"问题。通过运用合作博弈的相关理论与方法,本书考虑三种场景下的合作难问题并提供解决思路,为"一带一路"科技合作圈的形成提供不同问题的解决方法。

(2) 在对我国与东盟国家科技合作绩效进行评价时,本书从科技交流、贸易往来、投资方面总结出能推进科技合作的指标,并层层展开,建立了相应科技合作绩效的评价指标体系。在建立科技合作绩效评价指标体系时,本书坚持了科学性原则、客观性原则、可比性原则与可操作性原则。

(3) 本书主要对广东与东盟国家科技合作重点领域进行了分析,并指出了提升广东与东盟科技合作水平的对策。

9.3 研究成果的应用、转化情况及其前景分析

关于海上丝绸之路国际科技合作的问题,目前大部分研究仅限于从问题的现状层面进行分析,而运用科学的理论体系进行逻辑及数理分析的甚少,本书的研究成果可为高校、科研院所开展类似研究提供创新性的思考和借鉴。

9.4 存在的问题及建议

本书的研究在实施过程中还存在一些问题,主要表现在理论方面的探索不够深入,研究的面不够广,研究程度不够深;在研究过程中,限于数据及样本的难获得性,涵盖的面较窄;在研究方法的创新上仍有待改进等。这些问题期待在后续研究中能够更加完善。

参考文献

[1] 艾德洲. 新形势下粤港澳科技合作面临的问题与改革路向［J］. 当代港澳研究, 2018（4）：101－115.

[2] 陈相. 粤港澳大湾区财政科研经费的制度特征及跨境使用路径［J］. 深圳大学学报（人文社会科学版）, 2018, 35（5）：39－46.

[3] 陈晓文. 国际贸易理论发展思路及新趋向［J］. 国际商务（对外经济贸易大学学报）, 2010（6）：34－38, 94.

[4] 陈秀莲. "一带一路"倡议下中国与东盟国家海洋经贸合作对策研究：基于空间布局的视角［J］. 国际经济合作, 2019（1）：92－109.

[5] 樊威. 我国纳米创新系统国际化模式研究［D］. 北京：北京理工大学, 2014.

[6] 冯海波, 粤科宣. 广东不断深化与港澳科技创新合作：区域协同创新取得系列进展［N］. 广东科技报, 2019－03－18（03）.

[7] 傅家骥. 技术创新学［M］. 北京：清华大学出版社, 1998.

[8] 郭楚, 丘杉, 刘毅, 等. 探索创新驱动新路 提升粤港澳科技创新能力［J］. 广东经济, 2013（5）：16－19.

[9] 何传添. 泛珠三角区域合作要提高知识含量［J］. 经济师, 2005（4）：260－261.

[10] 何传添. 粤港澳紧密合作区：内涵、思路和路径选择［J］. 特区经济, 2009（3）：13－15.

[11] 赫希曼. 经济发展战略［M］. 曹征海, 潘照东, 译. 北京：经

济科学出版社,1991.

[12] 胡华,梁光琦,苏浩. 中国—东盟技术转移平台建设及发展模式研究[J]. 东南亚纵横,2015(5):8-10.

[13] 黄静茹,白福臣,张苇锟. 广东—东盟科技合作模式及平台建设:基于"21世纪海上丝绸之路"的背景[J]. 资源开发与市场,2017,33(10):1242-1248.

[14] 贾小峰,张爱国,胡宝民. 地方政府科技计划绩效评价的DEA分析:以河北省"十五"科技计划为例[J]. 工业技术经济,2009,28(2):109-112.

[15] 科斯. 企业的性质[M]//科斯. 企业、市场与法律. 盛洪,陈郁,译. 上海:三联书店上海分店,1990:1-23.

[16] 蓝锐彬. 粤港澳区域科技一体化发展战略研究[D]. 广州:广东工业大学,2005.

[17] 李岱素,潘慧. 广东省区域创新能力快速提升:《广东省区域创新能力评价报告》发布[J]. 广东科技,2019,28(2):26-27.

[18] 李凤祥,祁雷,彭琳. 粤港澳携手共建国际科技创新中心[N]. 南方日报,2019-03-07(A14).

[19] 李嘉楠,龙小宁,张相伟. 中国经贸合作新方式:境外经贸合作区[J]. 中国经济问题,2016(6):64-81.

[20] 李梦学. 国际科技合作模式探析[J]. 中国科技产业,2007(5):97-100.

[21] 梁宙. 粤港澳大湾区的机遇与挑战:创新要素自由流动是主要难点[EB/OL]. (2019-02-20)[2020-10-21]. https://baijiahao. baidu. com/s? id = 1625963984659267538&wf r = spider&for = pc.

[22] 林海明,杜子芳. 主成分分析综合评价应该注意的问题[J]. 统计研究,2013(8):25-31.

[23] 刘垠. 国家科技计划可直接资助港澳科研活动:十八个国家重点

实验室港澳伙伴实验室先行试点［N］.科技日报,2018-05-15(01).

［24］刘云刚,侯璐璐,许志桦.粤港澳大湾区跨境区域协调:现状、问题与展望［J］.城市观察,2018(1):7-25.

［25］柳岸林."10+1"框架下中国与东盟科技合作的新进展及发展前景［J］.科技和产业,2005,5(1):28-30.

［26］卢纯昕.粤港澳大湾区知识产权创新协同机制研究［J］.中国发明与专利,2019,16(6):10-15.

［27］罗芳,行玉洁.CEPA新背景下我国内地与香港服务业产业内贸易分析［J］.改革与开放,2017(15):33-34,39.

［28］罗玉中.科技法学［M］.武汉:华中科技大学出版社,2005.

［29］马迎贤.资源依赖理论的发展和贡献评析［J］.甘肃社会科学,2005(1):116-119,130.

［30］缪尔达尔.亚洲的戏剧:对一些国家贫困问题的研究［M］.谭力文,张卫东,译.北京:北京经济学院出版社,1992.

［31］诺伊曼,摩根斯顿.博弈论与经济行为:上册［M］.王文玉,王宇,译.北京:生活·读书·新知三联书店,2004.

［32］普雷维什.外围资本主义:危机与改造［M］.苏振兴,袁兴昌,译.北京:商务印书馆,2015.

［33］石东平,夏华龙.国际产业转移与发展中国家产业升级［J］.亚太经济,1998,(10):5-9.

［34］锁利铭,马捷,李丹."核心-边缘"视角下区域合作治理的逻辑［J］.贵州社会科学,2014(1):52-57.

［35］谭钢,李小燕.中国—东盟科技合作与交流平台建设研究［J］.中国高新技术企业,2010(24):4-6.

［36］万宇.广东2019年"一号文":将启动实施粤港澳大湾区科技创新行动计划［N］.中国证券报,2019-01-08.

［37］汪宇明.核心-边缘理论在区域旅游规划中的运用［J］.经济地理,2002(3):372-375.

[38] 王念,刘细发. 我国高校科技成果转化的因子分析与路径选择 [J]. 企业经济, 2011 (8): 111-113.

[39] 王瑞良,肖奎喜. "一带一路"战略下广东—东盟科技合作圈建设研究 [J]. 东莞理工学院学报, 2016 (6): 51-55.

[40] 王雪. 国际产业转移理论的研究现状及发展趋势 [J]. 工业技术经济, 2006 (10): 110-112.

[41] 王友发,罗建强,周献中. 近40年来中国与"一带一路"国家科技合作态势演变分析 [J]. 科技进步与对策, 2016, 33 (24): 1-8.

[42] 魏澄荣. "一带一路"国际科技合作模式和路径研究 [J]. 亚太经济, 2017 (6): 24-27.

[43] 吴建南,杨若愚. 中国与"一带一路"国家的科技合作态势研究 [J]. 科学学与科学技术管理, 2016 (1): 14-20.

[44] 小岛清. 对外贸易论 [M]. 周宝廉,译. 天津:南开大学出版社, 1987.

[45] 薛凤旋,杨春. 外资:发展中国家城市化的新动力:珠江三角洲个案研究 [J]. 地理学报, 1997 (3): 3-16.

[46] 杨达诚. 东盟国家引进FDI的区位优势与投资环境研究 [D]. 北京:对外经济贸易大学, 2017.

[47] 杨文光,陈强,胡雯. 两岸科技合作现况与趋势研究:基于高水平论文合著视角 [J]. 科学管理研究, 2016, 34 (4): 118-120.

[48] 叶青. 内地与香港科技合作联委会 粤港争取设先行先试工作小组 [N]. 广东科技报, 2009-09-18 (02).

[49] 尹豪,陈龙. 云南—东盟国家科技合作的现状、问题及对策分析 [J]. 中小企业管理与科技, 2014 (26): 211-213.

[50] 余玉娴,何斌. 粤港澳高等学校科技合作现状:对广东省高校的调查和若干思考 [J]. 科技管理研究, 2009 (8): 239-241.

［51］张菊. 国际科技合作伙伴选择原则［J］. 浙江大学学报（人文社会科学版），2004（3）：143.

［52］赵根伟，葛和平. 新兴古典贸易分工理论发展述评［J］. 商场现代化，2010（19）：5-7.

［53］赵靓，吴梅. 我国生产性服务业对出口产品竞争优势的影响研究［J］. 数量经济技术经济研究，2016（3）：112-127.

［54］郑昊庆."一带一路"背景下中国与东南亚国家经济合作［D］. 北京：中国社会科学院研究生院，2019.

［55］中国在东盟建23个境外经贸合作区［J］. 时代金融，2016（19）：57.

［56］周运源. 创新发展、深化粤港澳科技合作的再思考［J］. 华南师范大学学报（社会科学版），2017（3）：5-10.

［57］卓凡超. 东盟国家引进中国FDI与其经济增长关系的实证研究［D］. 昆明：云南师范大学，2017.

［58］ASHEIM T. Interactive，innovation systems and SME policy［R］. Paper presented on the EGU Commission on the Organization of Industrial Space Residential Conference. Sweden：Gothenburg，1998.

［59］BEAVER D，ROSEN R. Studies in scientific collaboration：part I. the professional origins of scientific co-authorship［J］. Scientometrics，1978（1）：65-84.

［60］BOUDEVILLE J R. Problems of regional economic planning［M］. Edinburgh：The Edinburgh University Press，1966.

［61］CANTWELL J，TOLENTINO P. Technological accumulation and third world multinationals［M］. Reading：University of Reading，Department of Economics，1990.

［62］COASE R H. The problem of social cost［J］. Journal of law and economics，1960（3）：1-44.

［63］COSTANTINI V，LIBERATI P. Technology transfer，institutions and development [J]. Technological forecasting and social change, 2014 (88): 26-48.

[64] COASE R H. The Nature of the firm [J]. Economic, 1937, 4 (16): 386-405.

[65] D'ASPREMONT C, JACQUEMINY A. Cooperative and noncooperative R&D in duopoly with spillovers [J]. The American economic review, 1988, 78 (5): 1133-1137.

[66] FRIEDMANN J. Regional development policy: a case study of Venezuela [M]. Cambridge: MIT Press, 1966.

[67] HIRSCHMAN A O. The strategy of economic development [M]. New Haven, Conn.: Yale University Press, 1958.

[68] HOTELLING H. Relations between two sets of variates [J]. Biometrika, 1936, 28 (3/4): 321-377.

[69] HUFBAUER G C. Synthetic materials and the theory of the international trade [M]. Cambridge/Massachusetts: Harvard University Press, 1966.

[70] HÄGERSTRAND T. Innovation diffusion as a spatial process [M]. Chicago: University of Chicago Press, 1953.

[71] IRWIN D A, KLENOW P J. High-tech R&D subsidies estimating the effects of sematech [J]. Journal of international economics, 1996, 40 (3): 323-344.

[72] JOSTY P L. A tentative model of the innovation process [J]. R&D management, 1990, 20 (1): 35-45.

[73] KRUMME G. Notes on locational adjustment patterns in industrial geography [J]. Geografiska annaler, series B: human geography, 1969, 51 (1): 15-19.

[74] KELLER W. Geographic localization of international technology diffusion [J]. American economic review, 2002, 92 (1): 120-142.

[75] LEWIS W A. The theory of economic growth [M]. London:

Springer, 1955.

[76] LALL S. The new multinationals: the spread of third world enterprises [M]. New York: John Miley & Sons, 1983.

[77] LEWIS W A. Economic development with unlimited supplies of labor [J]. The Manchester School, 1954, 22 (2): 139 – 191.

[78] LI L, FENG Z N, GAO X Z. Correspondence analysis in international sci-tech cooperation patterns and university resources [J]. Journal of service science and management, 2011 (2): 215 – 221.

[79] MCGEE T G, MACLEOD S. Emerging extended metropolitan regions in Asia-Pacific urban system: a case study of the Singapore-Johor-Riau growth triangle [R]. Paper presented at the Workshop on Asia-Pacific Urban Systems: Towards the 21st Century. The Chinese University of Hong Kong, 1992.

[80] MITCHELL W, SINGH K. Entrenched success: the reciprocal relationship between interfirm collaboration business sales growth [J]. Academy of management proceedings, 1996 (2): 31 – 36.

[81] PEARSON K. On lines and planes of closest fit to systems of points in space [J]. The London, Edinburgh & Dublin philosophical magazine and journal of science, 1901, 2 (11): 559 – 572.

[82] PFEFFER J, SALANCIK G. The external control of organizations: a resource dependence perspective [M]. New York: Harper and Row, 1978: 22 – 34.

[83] POSNER M V. International trade and technical change [J]. Oxford economic papers, 1961, 13 (3): 323 – 341.

[84] PERROUX F. Economic space: theory and applications [J]. The quarterly journal of economics, 1950, 64 (1): 89 – 104.

[85] ROBERTSON T S, GATIGNON H. Technology development mode: a transaction cost conceptualizations [J]. Strategic management journal, 1998, 19 (6): 515 – 531.

[86] SUBRAMANYAM K. Bibliometric studies of research collaboration: a review [J]. Journal of information science, 1983 (6): 33-38.

[87] SAKAKIBARA M. Heterogeneity of firm capabilities and cooperative research and development: an empirical examination of motives [J]. Strategic management journal, 1997 (18): 143-164.

[88] SHAPLEY L S. A value for n-person games [M] // KUHN H W, TUCKER A W. Contributions to the theory of games: AM-28, Vol. 2. Princeton: Princeton University Press, 1953: 307-317.

[89] THOMPSON J D. Organizations in action [M]. New York: McGraw-Hill, 1967: 18-56.

[90] TABARROK A. The private provision of public goods via dominant assurance contracts [J]. Public choice, 1998, 96 (3/4): 345-362.

[91] VERNON R. International investment and international trade in the product cycle [J]. The quarterly journal of economics, 1966, 80 (2): 190-207.

[92] WILLIAMSON J G. Regional inequality and the process of national development: a description of the patterns [J]. Economic development and cultural change, 1965, 13 (4): 23-56.

[93] WILLIAMSON O E. The economic institutions of capitalism [M]. New York: Free Press. 1985: 22-23.

[94] ZISS S. Strategic R&D with spillovers, collusion and welfare [J]. The journal of industrial economics, 1994, 42 (4): 375-393.

后 记

国际科技合作作为 21 世纪海上丝绸之路的重要内容，对我国对外开放新格局的形成有着重要的战略意义。当前，新一轮的科技革命和产业革命影响着世界经济结构和国际竞争格局，科技创新已经成为世界各国推动经济增长和可持续发展的重要动力。广东作为中国对外开放的窗口，更应依托粤港澳大湾区发展优势，加快与海上丝绸之路沿线国家的科技合作圈建设，力争成为海上丝绸之路科技合作中心。

本书重点从国际科技合作圈的经验借鉴、战略支撑、重点领域、战略举措等方面探寻可能的建设方案，通过对广东建设海上丝绸之路科技合作圈的实践经验进行总结，探寻广东未来国际科技合作切实可行的发展模式和策略。

本书是研究团队合作分工、共同努力的结果。中山大学博士研究生徐世长，广东外语外贸大学袁群华老师、郑庆胜老师、博士研究生刘富先、硕士研究生李潇、科研秘书常诚老师，西南财经大学博士研究生王瑞良等参加了本书的资料收集、撰写和修改工作。本书在专家修改意见的基础上进行了相应的完善，最终成为目前呈现的研究成果。感谢业内专家的无私帮助和专业指导。同时，感谢中山大学出版社的大力支持和帮助。

国际科技合作领域内容涉及广泛，本书在研究过程中尽可能多地参考借鉴国内外学者的研究文献，但这一领域的研究成果数不胜数，难免挂一漏万，敬请海涵。基于海上丝绸之路的视角探讨广东国际科技合作圈建设，是一个学术性和实践性都很强的重大问题和难点问题，本书在重点领域进行了积极探讨和研究，若有不足之处和疏漏错误，恳请各位读者批评指正！